Hermann Schmitz

Atmosphären

VERLAG KARL ALBER

Mit der Weltspaltung in private Innenwelten und eine Außenwelt zwischen ihnen sind dem menschlichen Begreifen spätestens seit Platon und Aristoteles große Teile der normalen Lebenserfahrung abhandengekommen, z. B. der spürbare Leib und die Atmosphären (was gleichsam in der Luft liegt). Hermann Schmitz, der sich der Überwindung dieser Weltspaltung gewidmet hat, hat 1969 (»Der Gefühlsraum«) die Atmosphären als Thema in die Philosophie eingeführt. Im vorliegenden Buch stellt er in acht Aufsätzen aus den letzten Jahren den gegenwärtigen Stand seiner Überlegungen zu diesem Thema dar.

Der Autor:

Hermann Schmitz, geb. 1928 in Leipzig, promoviert 1955, habilitiert für Philosophie 1958; 1971 bis 1993 ordentlicher Professor für Philosophie an der Universität Kiel. Begründer der Neuen Phänomenologie. Autor zahlreicher Bücher und Aufsätze. Zuletzt im Verlag Karl Alber erschienen sind: *Der Weg der europäischen Philosophie. Eine Gewissenserforschung* (2007), *Logische Untersuchungen* (2008), *Kurze Einführung in die Neue Phänomenologie* (2009), *Jenseits des Naturalismus* (2010), *Bewusstsein* (2010), *Das Reich der Normen* (2012), *Kritische Grundlegung der Mathematik* (2013) und *Phänomenologie der Zeit* (2014).

Hermann Schmitz

Atmosphären

Verlag Karl Alber Freiburg / München

3. Auflage 2020

www.verlag-alber.de

Satz: SatzWeise GmbH , Trier
Herstellung: CPI books GmbH, Leck

Printed in Germany

ISBN 978-3-495-48674-0

Inhalt

Vorrede

Das menschliche Selbst- und Weltverständnis in Europa steht seit Jahrtausenden ganz überwiegend unter dem Diktat der Weltspaltung auf Grund eines Paradigmenwechsels, der sich in Griechenland in der 2. Hälfte des 5. vorchristlichen Jahrhunderts ereignete und im folgenden Jahrhundert von Platon und Aristoteles zu durchschlagendem Erfolg geführt wurde. Im Interesse der Selbstermächtigung des Menschen im Verhältnis zu seinen unwillkürlichen Regungen wurde jedem Bewussthaber eine private Innenwelt (Psyché) zugeteilt, in die sein gesamtes Erleben eingeschlossen wurde, damit er in dieser Domäne als Vernunft Regie führen könne. Die zwischen den Innenwelten verbleibende empirische Außenwelt wurde von allen Einflüssen, die diesem Regiment gefährlich werden konnten, durch eine Abschleifung freigemacht, die nur wenige Merkmalsorten und deren erdachte Träger übrig ließ. Diese Sorten waren (schon von Demokrit) so gut gewählt, dass sie noch heute den Datenvorrat bilden, an dem die Physik im Experiment ihre Hypothesen prüft, doch war dieser Vorteil für die Weltbemächtigung damals, als es erst um die Selbstbemächtigung ging, noch nicht aktuell. Der Abfall der Abschleifung wurde entweder absichtlich (wie die spezifischen Sinnesqualitäten) in den Innenwelten (Seelen) abgelegt oder schlicht übersehen, um dann doch, aber in entsprechend gewandelter Gestalt, in den Seelen unterzukommen. Diese psychologistisch-reduktionistisch-introjektionistische Vergegenständlichung haben sich später, mit umgekehrter Akzentsetzung, das Christentum und die Naturwissenschaft zunutze gemacht, wobei es dem Christentum auf die Innerlichkeit (die Seele und die gottgefällige Herrschaft der Person über die unwillkürlichen Regungen in ihr) ankam, der

Naturwissenschaft auf die Äußerlichkeit (die empirische Außenwelt und ihre theoretische und praktische Beherrschung im Geist des demokritischen Reduktionismus). Innerlichkeit und Äußerlichkeit trafen sich im Menschen, der einer der Weltspaltung entsprechenden Zerlegung in Seele und Körper unterworfen wurde.

Bei der Weltspaltung und der zugehörigen Menschspaltung wurde sehr schematisch verfahren, mit grob gezogenen Trennlinien und unklaren Grauzonen. Der Versuch, nach Maßgabe dieser Trennungslinien den Erfahrungsstoff in den vom Psychologismus und Reduktionismus vorbereiteten Auffangbecken unterzubringen, hat zu großen Verlusten wichtiger Massen normaler Lebenserfahrung im menschlichen Welt- und Selbstverständnis geführt. Geradezu grotesk ist das Schicksal, das dem Begreifen des spürbaren Leibes widerfuhr. Jeder Mensch kennt Hunger, Durst, Angst, Schmerz, Wollust, Ekel, Frische und Müdigkeit; Zorn ist schon einmal in ihm aufgestiegen, ein Schauer hat ihn überlaufen, Kummer ihn niedergedrückt. Solche Regungen sind nicht Körperteile, weil ohne Flächen, aber auch nicht innerlich in der Seele, weil räumlich ausgedehnt und mehr oder weniger an Körperstellen lokalisiert. Die Menschspaltung zerlegt sie in ein Körpergeschehen und ein *asylum ignorantiae* (Propriozeption, Zoenästhese) in der Seele, ohne sich um die eigentümliche Struktur und Funktionsweise des spürbaren Leibes zu kümmern; dieser verschwindet zwischen Körper und Seele wie in einer Gletscherspalte. Ähnliches widerfährt den Atmosphären, im einfachsten Fall etwa dem Wetter. Die Menschen spüren es am eigenen Leibe; es liegt ihnen so nahe, dass sie zunächst mit Fremden darüber reden, um den Bann zu brechen, aber die abendländische Begriffsbildung kümmert sich so wenig um diese gespürte Atmosphäre, dass sie sie in zwei Komponenten zerlegt, von denen die eine in der Physik (Meteorologie) sorgfältig studiert wird, während die andere in der Seele ein von der Psychologie notdürftig betreutes Schattendasein führt. Wichtiger sind die Atmosphären des Gefühls, die Gefühle als

Atmosphären, die von der Introjektion bei den Seelenzuständen von Lust und Unlust untergebracht werden. Mit ihnen beschäftigt sich dann die Ästhetik, z. B. die von Kant durch Veranstaltung einer Seelengymnastik (einer Art von Ballspiel der Seelenvermögen Verstand und Einbildungskraft, Analytik des Schönen) oder einer Selbstbespiegelung mit Versicherung übersinnlichen Ranges (Analytik des Erhabenen).

Mit meinem Versuch, die Weltspaltung zu überwinden und die von der psychologistisch-reduktionistisch-introjektionistischen Vergegenständlichung der Besinnung entfremdeten Schätze normaler menschlicher Lebenserfahrung begreifend zu bergen, habe ich beim spürbaren Leib und den Gefühlen als Atmosphären angefangen. Ich habe die eigentümliche Ausdehnung und Dynamik des Leibes herausgearbeitet und diese Dynamik in die leibliche Kommunikation hinein verfolgt, die Grundform der Kontakte und der (von der dominanten Vergegenständlichung physikalisch-physiologisch bis zum Gehirn verfolgten) Wahrnehmung, ja im Grunde allen Dabeiseins bei etwas. Den Atmosphären bin ich in Gestalt der Gefühle nahe getreten, um diese aus der Introjektion zu befreien und sie mit dem leiblich-affektiven Betroffensein, als der Resonanzstelle für sie und dem Boden persönlicher Zuwendung in Preisgabe oder Widerstand an das ergreifende Gefühl, zusammenzubringen. Anfangs war ich in Gefahr, die Gefühle zu sehr zu verdinglichen, um ein Gegengewicht gegen ihre Introjektion zu markieren. Dieser Gefahr habe ich mich entzogen, indem ich die Gefühle als Halbdinge (im Gegensatz zu Dingen) bestimmte, nach Art der Stimme, des Windes oder der reißenden Schwere, wenn man ausgleitet und stürzt oder sich gerade noch fängt. Eine weitere Verbesserung gelang mir für die Erfassung der Räumlichkeit der Gefühle, indem ich flächenlose und flächenhaltige Räume unterschied und ihr Verhältnis bestimmte. Bald nach dem Leib und den Atmosphären kamen in meinen Blick die Situationen mit binnendiffuser Bedeutsamkeit, teils aktuelle, teils zuständliche, teils impressive (vielsagende Eindrücke), teils segmentierte. Ich lernte, dass Atmosphären gewöhnlich in Situationen eingebettet sind; das kam meiner Charakterisierung der Liebe im gleichnamigen Buch von 1993 zugute. Die Neubestimmung der Subjektivität krönte meine Auseinandersetzung mit der psychologistisch-reduktionistisch-introjektionistischen Vergegenständlichung. Als Heimstätte war von dieser dem Subjekt die Seele zugewiesen, ein kleines Tortenstück aus dem großen Kuchen *Welt*. Ich entdeckte als die Heimstätte der Subjektivität die subjektiven Tatsachen des affektiven Betroffenseins im Gegensatz zu den ihnen im Inhalt gleichen, aber in der Tatsächlichkeit reduzierten objektiven Tatsachen, die jeder aussagen kann, sofern er genug weiß und gut genug sprechen kann. Die Philosophen und Psychologen haben, wenn sie über Seele und Seelisches (oder über Bewusstsein und Bewusstseinsstrom, einen Epigonen der Seele) sprachen, immer nur solche objektiven Tatsachen im Auge gehabt und dadurch die Subjektivität verfehlt.

Wenn ich nicht irre, habe ich 1969 mit meinem Buch *Der Gefühlsraum* die Theorie der Atmosphären in die Philosophie eingebracht. Zwei Autoren haben sich von meiner Anregung inspirieren lassen: Gernot Böhme mit einer Reihe feinsinniger, auf verschiedene Bücher verteilter Essays und Tonino Griffero (Atmosferologia. Estetica degli spazi emozionali, Roma-Bari 2010, ins Englische übersetzt 2014, vgl. Quasi-cose. La realità dei sentimenti, Milano-Torino 2013). In anderer Blickrichtung, von mir unabhängig, veröffentlichte 1993 Georg Knodt einen Essay über Atmosphären. Das stark gewachsene Interesse an der Diskussion dieses Themas hat sich in mehreren Sammelbänden niedergeschlagen, an denen ich mitgearbeitet habe. Zwei davon enthalten Originaldrucke hier reproduzierter Aufsätze von mir; weitere sind: Atmosphären im Alltag, hg. v. St. Debus und R. Posner, Bonn 2007; Gefühle als Atmosphären, hg. v. K. Andermann und U. Eberlein, Berlin 2011 (Deutsche Zeitschrift für Philosophie, Sonderband 29). Das virulente Interesse an Atmosphären hat dazu geführt, dass ich in den letzten Jahren vielfach zu Vorträgen oder Vorlagen aus diesem Themenkreis aufgefordert wurde; die Beiträge in diesem Buch gehen darauf zurück. Da sie unabhängig von einander auf Ersuchen entstanden sind, waren Wiederholungen unvermeidlich, die aber denselben Grundgedanken jeweils neue Aspekte abgewinnen, die mir die Mitteilung zu lohnen scheinen. Dieses Buch enthält acht Aufsätze, von denen vier (an unten angegebenen Fundstellen) schon publiziert sind. Zusammen stellen sie den gegenwärtigen Stand meiner Überlegungen zum Thema dar. Als hierbei sich abzeichnende Fortschritte meines Zugangs zu Atmosphären überhaupt, abgesehen von den Neuerungen dieser phänomenologischen Einzelanalysen, nenne ich zwei: erstens das Bemühen um genaue, ebenso scharfe wie geschmeidige Begriffsbildung als Voraussetzung sorgfältiger Rechenschaft von den Phänomenen. Ich bin nicht der Meinung, dass man über Schwebendes nur schwebend sprechen kann. Deswegen wage ich auch eine Definition der Atmosphäre. Die Philosophie der Gegenwart hat großen Schaden von der Vernachlässigung der Definition, oder wenigstens der sorgsamen Einführung von Begriffen. Zweitens sichte ich nun die Atmosphären im breiteren Zusammenhang atmosphärischer Räume, über die Gefühle hinaus. Dabei achte ich ganz besonders auf den Zusammenhang der Atmosphären mit dem Leib und der leiblichen Kommunikation. Der Leib ist die Empfangsstation für Atmosphären und wirkt auf diese zurück.

* * *

Nachweis der Erstabdrucke

Atmosphärische Räume: Atmosphären II, hg. v. Rainer Goetz und Stefan Graupner, München 2012, S. 17–29;

Gefühle als Atmosphären: u. d. T. »Atmosphäre und Gefühl. Für eine neue Phänomenologie« in: Atmosphären. Dimensionen eines diffusen Phänomens, hg. v. Christiane Heibach, München (Wilhelm Fink) 2012, S. 39–56;

Die Atmosphäre einer Stadt: u. d. T. »Die Stimmung einer Stadt« in: Stimmung. Zur Wiederkehr einer ästhetischen Kategorie, hg. v. Anna-Katharina Gisbertz, München (Wilhelm Fink) 2011, S. 63–74;

Freude, in: Das Gedicht. Zeitschrift für Lyrik, Essay und Kritik 19: Götterschöner Feuerfunken, 2011/12, S. 117–121

Atmosphärische Räume

Im antiken Griechenland ereignet sich während des 5. Jahrhunderts v. Chr. eine für die gesamte Folgezeit schicksalhafte Umstellung des menschlichen Welt- und Selbstverständnisses. Die Welt wird gespalten, indem jeder Bewussthaber einen Ausschnitt aus ihr als seine private Innenwelt bekommt, in der sein gesamtes Erleben enthalten und nach außen abgeschlossen ist. Ihr Name ist »Psyché«, »Seele«. Am Anfang des Jahrhunderts fehlt ihr noch, die bis dahin Leben oder Totengeist war, die Abgeschlossenheit; Heraklit sagt: »Grenzen der Seele wirst du wandernd niemals finden, wenn du auch jegliche Straße abschrittest.«[1] Von Sophokles, in der zweiten Hälfte des Jahrhunderts, ist als isolierter Vers aus den verlorenen *Manteis* die Formulierung überliefert: »das verschlossene Tor der Seele öffnen«.[2] Zwischen beiden Zeugnissen liegt die Weltspaltung. Die nach Abzug aller Innenwelten zwischen ihnen verbleibende Außenwelt wird schon damals bei Demokrit, später bei Platon und den Folgenden, bis auf wenige Merkmalsorten und deren hinzugedachte Träger abgeschliffen. Der Abfall der Abschleifung wird durch Transport in die Seelen entsorgt, entweder absichtlich wie die spezifischen Sinnesqualitäten oder unter der Hand, indem der Vorrat vergessen wird und in modifizierter Form unversehens in den Seelen unterkommt. Auf diese Weise werden der spürbare Leib und die leibliche Kommunikation, die Gefühle als Atmosphären und Atmosphären anderer Art, viel-

---

1 Heraklit, Fragment 45, bei Diels und Kranz, Die Fragmente der Vorsokratiker.

2 Sophokles, Fragment 360, bei A. Nauck, Fragmenta Tragicorum Graecorum, ergänzter Nachdruck der Ausgabe von 1888, Hildesheim 1964.

sagende Eindrücke und andere bedeutsame Situationen und Weiteres aus der Aufmerksamkeit verdrängt; übrig bleiben Innenwelten zur Selbstbeherrschung und eine Außenwelt zur Weltbeherrschung, erst durch Gott, dann durch die Menschen und ihre Apparate.

Zu gleicher Zeit, obendrein sinngemäß zugehörig, entwickelt sich die griechische Geometrie als erste deduktive Wissenschaft, die den Raum an der Fläche zum Thema macht, indem flächige Figuren wie Kreise, Dreiecke und Kegelschnitte sowie Körper nach Maßgabe ihrer Oberflächen betrachtet werden. Die Vorstellung vom Raum unterstellt seither mit der größten Selbstverständlichkeit, dass es in ihm Flächen gibt. Diese Vorstellung reift später aus in Gestalt der analytischen Koordinatengeometrie, die mit ihren in der Fläche entwickelten Netzen den Raum überspannt und das Schema einer beliebig genauen Ortsbestimmung schafft. Diese Festlegung auf einen flächenhaltigen Raumtyp hat weitreichende Folgen. Flächen sind ohne Weiteres zugänglich, teils als glatte Oberflächen wie die unbehaarte Haut des Menschen, teils als nichts berandende Flächen wie manche Lichtflecken. Flächen braucht man, um absteigend zu den Strecken (als Kanten) und den Punkten (als Ecken) zu gelangen. Ohne Flächen und Strecken gibt es keine Möglichkeit, massive Körper als dreidimensionale Volumina zu interpretieren. Ohne Schnittflächen kann man der Ausdehnung von Körpern keine Teilbarkeit abgewinnen. Vor allem aber braucht man Strecken und also Flächen, um Orte einzuführen, die zu sagen gestatten, wo etwas ist. Diese Einführung der Orte geht aus von Blickzielen, die zu einander durch verbindende Strecken in ein Verhältnis gesetzt werden. Diese Verbindungsbahnen sind im Gegensatz zur Richtung des Blickes umkehrbar, d.h. immer auch in der Gegenrichtung durchlaufbar. Dadurch wird es möglich, an ihnen Abstände und Lagen abzulesen. Mit Hilfe von Abständen und Lagen kann ein System von Orten eingeführt werden, die sich durch die Lagen und Abstände an ihnen befindlicher Objekte gegenseitig bestimmen – ein *Ortsraum*, wie ich sage. Alle diese Züge und Orientierungshilfen des uns vertrauten Raumes verdanken wir dem Zugang zu Flächen.

Es gibt aber auch flächenlose Räume. Ein Beispiel ist der Raum des Schalls. Ich denke weniger an die auf die Schallquelle bezüglichen Signale für Richtung und Entfernung als an den Raum, den die rhythmischen und tonalen Bewegungssuggestionen des Schalls wie stechender Lärm, verhallendes Echo, Steigen und Sinken, Drängen und Kreisen, alles, was vom Schall auf die Tanzenden und Marschierenden überspringt, aufspannen, ebenso an die synästhetischen Masseneigenschaften des Schalls als weit ausladender, sonorer Gongschlag oder schriller, spitzer Pfiff usw. Der Schall hat Volumen, aber nicht dreidimensionales, weil keine Flächen. Ihm nahe steht der flächenlose Raum der einprägsamen Stille, die als feierliche Stille weit und dicht, als drückende Stille eng und noch dichter, als Stille eines unberührten Morgens weit und zart ist. Andere Beispiele sind der Raum des Wetters, den man etwa als locker gefüllte Weite erfährt, wenn man aus stickiger Stube ins Freie tritt, der Raum des unauffälligen Rückfeldes, das man durch kleine Bewegungen des Aufrichtens, Zurücklehnens, Dehnens unaufhörlich in Anspruch nimmt und im Rückwärtstanzen schwungvoll, weil ohne Sorge vor flächig begrenzten Hindernissen, durcheilt, der Raum des entgegenschlagenden Windes, der als Bewegung ohne Ortswechsel gespürt wird, wenn man ihn nimmt, wie er sich gibt, und nicht zu bewegter Luft ergänzt, der Raum der frei sich entfaltenden Gebärde, der Raum des Wassers für den Schwimmer, der gegen ein widerstehendes, flächen- und streckenloses, aber mit Richtungen des Vorwärtsstrebens oder Entgegenströmens versehenes Volumen ankämpft oder sich von einem solchen ruhig tragen lässt. Solche flächenlosen Räume sind nicht bloß schattenhafte Rand- und Ausfallserscheinungen des uns vertrauten Ortsraums, sondern dessen unerlässliche Voraussetzungen, nicht nur psychologisch oder anthropologisch, sondern sogar logisch. Man kann zeigen, dass ein Ortsraum ohne Anleihe bei ortlosen, weil flächenlosen Räumen gar nicht eingeführt werden kann. Im Ortsraum sind Ruhe und Bewegung als Beharren am Ort bzw. Wechsel des Ortes definiert. Ferner werden Orte durch Lage und Abstand zu ruhenden Objekten bestimmt, d.h. identifiziert. Wenn diese Objekte sich nämlich bewegten, die identifizierten Orte aber nicht gleichförmig mitliefen, würden sich deren Lagen und Abstände zu den Bezugsobjekten ändern. Die an ihnen befindlichen Objekte hätten also den Ort gewechselt, auch wenn sie auf der Stelle geblieben wären. Ruhe und Bewegung wären nicht mehr unterscheidbar, was nicht sein darf. Die Ortsbestimmung setzt also Ruhe der Bezugsobjekte voraus. Andererseits setzt aber Ruhe im Ortsraum Orte voraus, wenn sie als Beharren am Ort verstanden wird. Ruhe setzt dann den Ort, der Ort aber Ruhe voraus, und es entsteht ein Definitionszirkel, der die Einführung eines Ortsraums vereitelt, wenn man nicht auf ein dem Ortsraum vorausgehendes Ruheverständnis zurückgreifen kann. Ein solches liefern flächenlose Räume, z.B. als ruhiges Wasser, ruhige Stille, Abendruhe, Ruhe bei Müdigkeit. Von solchen gestalthaften Ruheerfahrungen muss man ausgehen, um Bezugsobjekte zu finden, über denen man einen Ortsraum mit Lagen und Abständen einrichten kann; in diesem können die Bezugsobjekte dann selbst durch Orte bestimmt werden, und dann kann sekundär die Ruhe der Bezugsobjekte als Beharren auf diesen gelten.

Die beiden wichtigsten Typen flächenloser Räume sind der Raum des Leibes und der Raum der Gefühle als Atmosphären. Als den *Leib* eines Menschen bezeichne ich den Inbegriff alles dessen, was er von sich, als zu sich selbst gehörig, in der Gegend – nicht immer in den Grenzen – seines Körpers spüren kann, ohne sich der fünf Sinne Sehen, Hören, Tasten, Riechen, Schmecken und des aus ihren Erfahrungen, besonders denen des Sehens und Tastens, gewonnenen perzeptiven Körperschemas (der habituellen Vorstellung vom eigenen Körper) zu bedienen. Dazu gehören erstens die bloßen leiblichen Regungen wie Schreck, Angst, Schmerz, Hunger, Durst, Jucken, Stechen, Ekel, Frische, Müdigkeit, zweitens die leiblichen Regungen, die affektives Betroffensein von Gefühlen sind, z.B. von Freude, Trauer, Zorn, Scham, Furcht, Mut, Mitleid, Zufriedenheit, Verzweiflung, drittens die gespürten willkürlichen und unwillkürlichen Bewegungen wie Gehen, Greifen, Springen, Tanzen, Zittern, Zucken, Schlucken und viertens die unumkehrbaren leiblichen Richtungen, teils ohne Bewegung vorkommend wie der Blick, teils an Bewegungen gebunden wie Ausatmen und Schlucken. Alle diese leiblichen Ereignisse sind flächenlos. Am eigenen Leib kann man keine Flächen spüren. Nur am eigenen Körper kann man sie besehen und betasten. Der Leib ist gewöhnlich ein Gewoge verschwommener Inseln, unter denen sich einzelne durch Konstanz, Struktur und Funktion auszeichnen. Dazu gehört die Ateminsel in der Brust- oder Bauchgegend. Sie bildet sich bei jedem Einatmen neu durch Verschränkung engender Spannung mit weitender Schwellung, wobei anfangs die Schwellung führt, von der sich das Übergewicht allmählich zur Spannung hin verlagert, bis diese unerträglich zu werden droht und ihr Überwiegen von der unumkehrbar aus der Enge in die Weite führenden Richtung des Ausatmens abgeführt wird, womit die Leibesinsel zusammensinkt, um gleich wieder neu gebildet zu werden. An ihr kann man sich klar machen, was flächenloses und daher auch nicht dreidimensionales, dafür aber durch Verschränkung von Engung und Weitung zum vitalen Antrieb dynamisches leibliches Volumen ist.

Der vitale Antrieb überschreitet die Grenzen des eigenen Leibes und verbindet Leiber mit einander sowie mit leiblosen Gestalten durch einen gemeinsamen vitalen Antrieb in der Einleibung, die entweder antagonistisch (durch mindestens einseitige Zuwendung zu einem Partner) oder solidarisch (ohne solche Zuwendung) ist. Ich begnüge mich hier mit einem Beispiel für antagonistische Einleibung, nämlich dem unwillkürlichen Ballett, das sich auf den bevölkerten Gehwegen der Städte einspielt, wenn Menschen in Mengen einander entgegeneilen. Jeder hat nur sein eigenes Ziel, etwa ein Kaufziel, im Sinn und wendet den anderen flüchtige, beinahe achtlose Blicke zu, die aber dafür genügen, dass er an ihnen ohne Anstoßen vorbeikommt, wobei er die bevorstehenden Kurse des Nächsten sowie der dahinter und daneben Aufscheinenden berücksichtigen muss, ohne von Lage und Abstand des eigenen Körpers zu ihnen und der für das Ausweichen entscheidenden Körperteile – der Füße, der Schultern, der Arme des eigenen Körpers – Notiz zu nehmen. Das gelingt, weil die Blicke an einander hängen und die Bewegungssuggestionen (die anschaulichen Vorzeichnungen bevorstehender Bewegung der Entgegenkommenden) in das motorische, die zweckmäßig integrierten Bewegungen steuernde Körperschema übertragen, dessen Richtungen nicht wie die des perzeptiven Körperschemas umkehrbar, sondern unumkehrbar sind. Ich komme darauf zurück. Einleibung gibt es auch im Verhältnis zu leiblosen Gestalten, z. B. einem heranfliegenden Stein oder Schneeball, dem man, wie entgegenkommenden Mitmenschen, geschickt ausweicht, ohne von Lage und Abstand der eigenen Körperteile Notiz zu nehmen. Solche Einleibung in Leibloses wird durch Brückenqualitäten ermöglicht, die sowohl am eigenen Leib als auch an begegnenden Gestalten wahrgenommen werden können. Solche Brückenqualitäten sind Bewegungssuggestionen und synästhetische Charaktere. Synästhetische Charaktere sind Eigenschaften, die alle speziellen Sinne durchziehen und oft, aber nicht immer, Namen spezifischer Sinnesqualitäten tragen, aber als Weite, Gewicht und Dichte einprägsamer Stille auch ganz ohne Sinnesqualitäten auskommen. Der Gang eines Menschen ist ein gutes Beispiel für Bewegungssuggestionen und synästhetische Charaktere, die ebenso am eigenen Leib gespürt wie am Gang eines Mitmenschen wahrgenommen werden können, etwa als flink, geschmeidig, gespannt, schwungvoll, federnd oder als weich, schwerfällig, wuchtig, schleppend, schleifend, plump usw.

Bei den leiblichen Regungen stoßen wir zum ersten Mal auf Atmosphären. Es gibt teilheitliche leibliche Regungen, die auf einzelnen Leibesinseln untergebracht sind, wie Kopf- oder Bauchschmerzen, müde Beine. Außerdem gibt es ganzheitliche leibliche Regungen, wie ein Klima, in das der ganze Leib ohne Verteilung auf Inseln eingetaucht ist. Scheler sprach von Lebensgefühlen.[3] Ein Beispiel ist die Mattigkeit. Sie ist von der Müdigkeit verschieden: Müdigkeit kann ganzheitlich und teilheitlich sein, Mattigkeit nur ganzheitlich. Müdigkeit bedarf der Ruhe und befriedigt sich an ihr. Mattigkeit wird durch Ruhe so wenig wie durch Bewegung abgefunden; sie ist eine empfindliche Schwächung der Lebenskraft ohne Rücksicht auf den Bewegungszustand des Leibes. Ein anderes Beispiel ist das ganzheitliche Behagen beim Faulenzen in der Sonne oder in der Badewanne. Was man die Tagesform eines Menschen nennt, gehört ebenso hierhin wie das allmähliche, leicht störbare Munterwerden vieler Menschen am Morgen, sogenannter Morgenmuffel. Solche Lebensgefühle sind ganzheitliche leibliche Regungen. Sie sind Atmosphären des Leibes. Der Sinn des Wortes »Atmosphäre« in der allgemeinsten für die Phänomenologie der Räumlichkeit erforderlichen Bedeutung kann so formuliert werden: Eine *Atmosphäre* ist eine totale oder partielle, in jedem Fall aber umfassende Besetzung eines flächenlosen Raumes im Bereich dessen, was als anwesend erlebt wird. Ich spreche von »Besetzung« statt von Erfüllung, damit auch eine Atmosphäre der Leere berücksichtigt werden kann. Mit »umfassend« will ich darauf hinweisen, dass nicht bloß einzelne Stellen, sondern ausgebreitete Felder, in denen viele Stellen Platz haben, besetzt werden. Dennoch braucht nicht jede solche Atmosphäre den Raum erlebter Anwesenheit total zu besetzen oder dies auch nur zu beanspruchen. Das ist bei leiblichen Atmosphären, den Scheler'schen Lebensgefühlen, nicht der Fall. Die Mattigkeit eines Leibes verträgt sich mit einer strotzenden Umgebung. Das Behagen in der Badewanne oder einer warmen Stube reicht nicht über deren Ränder hinaus; draußen mag es schaurig kalt sein. In dieser Beziehung unterscheiden sich leibliche Atmosphären von

---

3 Max Scheler, Der Formalismus in der Ethik und die materiale Wertethik, 4. Auflage, Bern 1954, S. 350–354.

Atmosphären des Gefühls. Außer dem leiblichen Behagen gibt es ein Behagen als Gefühl, etwa das Gefühl der Geborgenheit in der Liebe eines Menschen oder eines harmonischen Familienkreises. Dafür braucht man keine Badewanne und keine warme Stube; es ist überall, wohin man geht, randlos im Raum erlebter Anwesenheit.

Dass Atmosphären des Gefühls den flächenlosen Raum erlebter Anwesenheit ganz füllen oder wenigstens zu füllen beanspruchen, zeige ich gern am sozialen Gefühlskontrast. Zu diesem Zweck vergleiche ich zwei Gefühle, Freude und Trauer, mit zwei bloßen leiblichen Regungen, Frische und Mattigkeit. Freude und Frische, Trauer und Mattigkeit sind verwandt; Freude kann mit Frische, Trauer mit Mattigkeit gefühlt werden. Ich stelle mir nun vor, dass ein fröhlich erregter Mensch ahnungslos an eine Gesellschaft tief trauriger, in ihre Trauer versunkener Menschen gerät. Bei einiger Feinfühligkeit wird er den lebhaften Ausdruck seiner Fröhlichkeit etwas dämpfen, vielleicht gar scheu einhalten und zurücktreten. Anders wird sein Verhalten ausfallen, wenn er als Frischer an eine Gesellschaft von Matten gerät. Falls er von diesen etwas will, wird er sich davon nicht so bändigen lassen, sondern die Matten durch Zuruf oder gar Zugriff aufzurütteln versuchen und, wenn er nichts erreicht, eher bereit sein, ihnen tätig weiterzuhelfen, indem er ihnen eine Stärkung reicht oder den Arzt ruft usw. Dieser Unterschied im Kontrastgrad bedarf der Erklärung. Die Achtung vor der Menschenwürde reicht dafür nicht aus. Sie würde ebenso den Matten wie den Trauernden zugute kommen und vielmehr dazu führen, auch auf diese zuzugreifen, um sie aufzurichten und ihnen damit die Haltung des Stolzes und der Würde zurückzugeben. Eine stärkere, den Respekt vor der Menschenwürde überwiegende Hemmung ist erforderlich, um den Fröhlichen zu bewegen, von den Trauernden abzulassen. Das kann nur die Autorität der Trauer selbst sein, einer von den in diese versunkenen Menschen ausstrahlenden Atmosphäre, die den Anspruch erhebt, den Raum erlebter Anwesenheit ganz zu besetzen, und mit der Stärke dieses Anspruchs den in dieser Lage minder gewichtigen, aber gleichen Anspruch der Fröhlichkeit niederschlägt. Die Mattigkeit dagegen stellt keinen solchen Anspruch, weil die bloß leiblichen Regungen auch als ganzheitliche in der Umgebung begrenzte Atmosphären bilden und auch nicht die Autorität von Gefühlen haben.

Seit der Weltspaltung im fünften vorchristlichen Jahrhundert hat man sich angewöhnt, die Gefühle als *passiones animae*, Affekte oder Leidenschaften der Seele, der abgeschlossenen privaten Innenwelt des Bewussthabers einzulagern, anders als noch in jener Zeit Empedokles, der sich rühmt, als Erster erkannt zu haben, dass die Liebe, die man da draußen wirbeln sieht, dieselbe ist, die, den Gliedern der Sterblichen eingepflanzt, darauf hinwirkt, dass sie freundliche Gesinnungen hegen und einträchtige Werke vollbringen.[4] Die Introjektion der Gefühle, mit der sich die Menschheit der klassischen griechischen Philosophie um Platon und Aristoteles angeschlossen hat, ist ein Irrtum; er scheitert schon daran, dass es die Seele oder anders benannte abgeschlossene private Innenwelt allen Erlebens, der sie introjiziert werden, gar nicht gibt, wie sich insbesondere daran zeigt, dass das Verhältnis des Bewussthabers zu seiner Seele nicht schlüssig konstruiert werden kann.[5] Gefühle sind Atmosphären in einem flächenlosen Raum, der sich mit dem flächenhaltigen Ortsraum ebenso decken kann wie die flächenlosen Räume des Schalls und der Stille, aber auch darüber hinaus zu reichen vermag. Die Atmosphären des Gefühls werden entweder bloß wahrgenommen oder sie ergreifen leiblich spürbar; in diesem Fall werden sie in affektivem Betroffensein als die Gefühle, die man selbst hat, gefühlt.

---

[4] Empedokles, Fragment 17, 20–26, nach Diels und Kranz, Die Fragmente der Vorsokratiker.

[5] Hermann Schmitz, Kurze Einführung in die Neue Phänomenologie, Freiburg i. B. / München 2009, S. 29–45; Jenseits des Naturalismus, ebd. 2010, S. 145–163.

Der flächenlose Gefühlsraum ist dreischichtig. Die Grundschicht bilden die reinen Stimmungen, die mit bloßer Weite, noch ohne Richtung, alle anderen Gefühle grundieren. Es gibt zwei reine Stimmungen: Zufriedenheit und Verzweiflung. Verzweiflung ist die Stimmung der Leere, wie die *acedia* der Wüstenväter, wie der *ennui* der Franzosen, eine mit Ekel gemischte Langeweile. Sie bildet sich manchmal durch Reflexion auf die Sinnlosigkeit des Lebens und Tuns, in anderen Fällen aber auch spontan, etwa in einer unheimlich bleichen und kühlen Abenddämmerung oder an einem nasskalten Novembermorgen im hässlichen Häusermeer einer Großstadt oder auf dem Bahnhof. Sie ist beklemmend, aber nicht niederdrückend wie die Trauer, sondern haltlos, ein Fallen in Leere. Die entgegengesetzte Zufriedenheit ist Getragenheit von dichter Fülle des Gefühls, etwa als Gefühl der Geborgenheit in der Liebe eines Menschen oder eines harmonischen Familienkreises oder in ruhigem, nicht überheblichem, aber gelassenem Selbstvertrauen. Die zweite Schicht besteht aus den reinen Erregungen; das sind Gefühle, deren Atmosphäre von Richtungen durchzogen, aber nicht auf ein Thema zentriert ist. Dazu gehören gegenstandslose Freude und Schwermut, Bangigkeit und Sehnsucht, Missmut und Misstrauen, die sich Anlässe erst suchen, ahnungsvolles Erwartungsgefühl. Die dritte Schicht wird von den thematisch zentrierten Gefühlen gebildet, in denen die gerichteten Erregungen um ein Thema zusammengezogen sind. Sie werden oft als intentionale, auf einen Gegenstand bezogene Gefühle ausgegeben und dann gern als die eigentlichen Gefühle aufgefasst, doch genügt diese Charakteristik nicht, weil die Rede vom Gegenstand eines Gefühls meist zweideutig ist, nämlich dann, wenn das thematische Zentrum in Verdichtungsbereich und Verankerungspunkt gespalten ist. So ist die Freude *über* etwas, nämlich einen Verankerungspunkt der Freude, z. B. einen beruflichen Erfolg, verschieden von der Freude *an* etwas, einem Verdichtungsbereich, z. B. *an* einer schönen Landschaft, *über* die man sich nicht freut. Bei einem mörderischen Angriff ist Verdichtungsbereich der Furcht der Angreifer, Verankerungspunkt der Tod. Wenn in einer Vorform von Furcht ohne Verankerungspunkt der Verdichtungsbereich mit leiblicher Angst erlebt wird, ergibt sich Grauen, das sich bei Hinzutritt eines Verankerungspunktes zur Furcht abrundet.

Außer den Gefühlen als Atmosphären mit Tendenz zur totalen Ausbreitung im Raum erlebter Anwesenheit gibt es noch andere solche Atmosphären, die nicht oder nicht immer Gefühle sind. Das nächstliegende Beispiel ist das Wetter, so, wie es menschlichem Wahrnehmen und Spüren tatsächlich gegeben ist und den nächstliegenden Gesprächsstoff noch unter Fremden bildet, also noch vor allen konstruktiven Versuchen der Zerlegung in einen physikalischen und einen psychologischen Anteil. Ein anderes Beispiel ist die Stille, entweder in einer weiten Ebene oder in der Nacht. Wetter und Stille können Gefühle sein, etwa als heiter strahlende, beklemmende, drückende oder feierliche Atmosphären; oft fehlt aber diese Gefühlshaftigkeit. Der Unterschied besteht in der Weise, wie die Atmosphären leiblich spürbar werden. Das affektive Betroffensein von Gefühlen ist Ergriffenheit in dem Sinn, dass dieses Betroffensein nur dann zum echten eigenen Fühlen des Gefühls wird, wenn der Betroffene mit dem Impuls, den das Gefühl ihm eingibt, erst einmal ein Stück weit mitgeht und nur nachträglich Gelegenheit hat, sich durch Preisgabe oder Widerstand damit auseinander zu setzen. Wer dagegen das Gefühl gleich an der Schwelle seines Eintritts in das leiblich-affektive Betroffensein mit einer fertigen Stellungnahme begrüßt, wird entweder nur von einem flüchtigen Anflug gestreift und nicht ergriffen, oder er tut nur so, als ob er fühlte und ergriffen sei. Bei den bloßen leiblichen Regungen und den total raumfüllenden Atmosphären, die nicht Gefühle sind, gibt es diese Reihenfolge nicht. Ein Wetter, das kein Gefühl ist, kann sehr wohl leiblich-affektiv betroffen machen, so dass man es z. B. verwünscht und statt seiner Regen oder umgekehrt Trockenheit ersehnt, aber keine Rede kann dabei von einer Ergriffenheit sein, die nur echt wäre, wenn man zunächst mit einem vom Wetter eingegebenen Impuls mitginge und erst danach Gelegenheit hätte, sich in Preisgabe oder Widerstand damit auseinander zu setzen.

In flächenlosen Räumen kann man leben und sich orientieren, ohne der Fläche zu bedürfen. Dazu genügt ein Geflecht von Richtungen verschiedener Art, das ich nun aufgliedern will. An erster Stelle stehen die leiblichen Richtungen, die unteilbar ausgedehnt sind und unumkehrbar aus der Enge in die Weite führen. Für die Orientierung sind davon der Blick und die Richtungen des motorischen Körperschemas wichtig. Außer dem perzeptiven Körperschema, das ortsräumlich durch Lagen und Abstände über umkehrbare Verbindungen organisiert ist, verfügt der Mensch (wie das Tier) über ein motorisches Körperschema, das z.B. in Aktion tritt, wenn bei einem Jucken oder Brennen auf der Haut unverzüglich die dominante Hand, ohne dem Abstand und der Lage nach lokalisiert zu werden, zielsicher an die gereizte Stelle geführt wird, um den dort erwarteten Parasiten zu vertreiben oder zu zerquetschen. Das motorische Körperschema, das alle zweckmäßig koordinierten Körperbewegungen dirigiert, beruht auf unumkehrbaren Richtungen, die zwar die für die Bewegung relevanten Körperteile in genau bestimmter Gegend und Entfernung aufrufen lassen, aber nicht umgekehrt werden können, um von den Körperteilen aus die Bezugsstelle zu finden, von der aus z.B. die rechte Hand immer rechts, der Fuß weiter weg als das Knie ist. Der Blick ist selbst eine der Richtungen des motorischen Körperschemas, die unabhängig vom Blick z.B. die Gebärden und die Haltungsänderungen und Gewichtsverlagerungen beim Balancieren zum Abfangen eines drohenden Sturzes dirigieren, aber ebenso unvermittelt mit dem Blick zusammenwirken, z.B. beim geschickten Ausweichen. Der zweite Typ ebenso unumkehrbarer Richtungen besteht in den Bewegungssuggestionen begegnender Gestalten, mit denen das motorische Körperschema unter Führung des Blickes z.B. zusammenarbeitet, wenn es gilt, auf bevölkerten Gehwegen ohne Anstoßen an einander vorbeizukommen; ich habe vorhin davon gesprochen. Das Konzert aus ausstrahlenden leiblichen Richtungen und einstrahlenden Bewegungssuggestionen genügt zur motorischen Orientierung in leiblicher Kommunikation auch ohne Rücksicht auf Flächen und alles, was wie Lagen und Abstände über umkehrbare Verbindungen von Flächen abhängt. Ich zweifle, ob Tiere überhaupt von Flächen Kenntnis nehmen und nicht nur, wie der Schwimmer, von einem dynamischen Volumen, das nicht als dreidimensional interpretiert wird.

Zum vollständigen Richtungsraum, der dem flächenhaltigen Ortsraum zu Grunde liegt, gehören außer den leiblichen Richtungen und den Bewegungssuggestionen begegnender Gestalten aber auch noch unumkehrbare Richtungen eines dritten Typs: die abgründigen Richtungen. Sowohl leibliche Richtungen als auch entgegenkommende Bewegungssuggestionen haben eine angebbare Quelle, auch wenn diese sich nicht präzis lokalisieren lässt. Sogar die bloß akustischen Bewegungssuggestionen gehen aus einer Schallquelle hervor. Abgründig heißen Richtungen, weil sich für sie keine Quelle finden lässt. Ein Beispiel ist die reißende Schwere, von der man getroffen wird, wenn man ausgleitet und stürzt oder sich gerade noch fängt. Sie kommt als fremde Macht, als ein Überfall wie aus dem Nichts, über den Leib, zu dem sie nicht gehört, obwohl sie nur an ihm selbst, nicht als Werk einer äußeren Ursache, merklich ist, und reißt ihn mit dem Körper nach unten, obwohl der Betroffene sich heftig sträubt. Ebenso abgründig sind die Richtungen der ergreifenden Gefühle. Ich greife nur den Zorn heraus. Er gleicht der reißenden Schwere darin, dass er ohne ersichtliche Quelle mit einem heftigen Bewegungsimpuls, der eher nach vorn als nach unten führt, in den Leib eingreift. Als Quelle kommt nicht etwa der Gegenstand, worauf einer zornig ist, mit Verdichtungsbereich und Verankerungspunkt in Betracht, denn der Zorn kommt ihm nicht von da her, sondern wendet sich in umgekehrter Richtung dagegen. Das Gepacktwerden ist in beiden Fällen ähnlich, das Verhalten dazu aber entgegengesetzt. Während der Ausgleitende und Stürzende sich von Anfang an sträubt, lässt der Zornige sich wenigstens in einer Anfangsphase mitreißen und stellt seinen eigenen Impuls in den Dienst des Zorns, bis er sich in Preisgabe oder Widerstand ihm stellt und mit ihm auseinandersetzt.

Alles, was an der menschlichen Motorik spontan, flüssig und unwillkürlich ist, einschließlich der von abgründig ergreifenden Gefühlen spontan eingegebenen, meist komplizierten und schwer lernbaren Gebärden, spielt sich im Konzert der unumkehrbaren Richtungen des Richtungsraums mit diesen drei Typen ab, den leiblichen Richtungen, den entgegenkommenden Bewegungssuggestionen und den abgründigen Richtungen der Gefühle. Unglaublich mühsam und gehemmt, bar jeder Flüssigkeit, würden alle Bewegungen werden, wenn sie im Ortsraum mit Lagen und Abständen abgemessen werden müssten. Die Tiere kommen nie über den Richtungsraum hinaus. Den Menschen gelingt es, darüber eine Raumform ganz anderer Art zu konstruieren, indem sie es vermögen, einzelne Blickziele festzuhalten, diese auf Flächen durch Strecken mit umkehrbaren Richtungen zu verbinden und an diesen Verbindungen Lagen und Abstände abzulesen, mit deren Hilfe beharrliche Orte eingeführt werden können, die zu sagen gestatten, wo sich etwas befindet, und gegebenenfalls dessen Bewegung von einem Ort zu einem anderen verfolgen lassen. Damit wird auch erst möglich, Gegenstände an Orten sukzessiv zu speichern, in der Weise, dass sich dort erst jener, dann dieser Gegenstand befunden hat. Der Ortsraum mit allen diesen Errungenschaften tritt aber nicht an die Stelle des Richtungsraums, sondern überformt ihn bloß und greift ständig auf ihn zurück. Ohne fundierenden Richtungsraum kein Ortsraum. Das dies sogar logisch richtig ist, habe ich gezeigt. Andererseits wird alles, was im Richtungsraum stattfindet, in den Ortsraum übersetzbar. Das Ergebnis der gelungenen Synthese beider Raumformen ist der optische Raum. Er kann auf das Niveau des bloßen Richtungsraumes einsinken, etwa bei der spontanen Reaktion geschickten Ausweichens vor einer in drohender Näherung gesehenen wuchtigen Masse.

Dann denkt man nicht an durch Lage und Abstand bestimmte Orte, sondern nimmt die Bewegungssuggestion, die den bevorstehenden Kurs der Masse anzeigt, über den Blick in das motorische Körperschema auf, das die eigene Bewegung dem Ausweichbedürfnis entsprechend anpasst. Gewöhnlich aber ist das Gesichtsfeld ortsräumlich organisiert, jedoch eingelassen in ein auf das motorische Körperschema abgestimmtes Richtungsgefüge blickender Zuwendung.[6] Dagegen kommt der flächenlose Raum des Schalls nicht über den Richtungsraum hinaus, kann aber in den Ortsraum eingelagert und in der Vorstellung sekundär visualisiert werden, indem man sich an Schallquellen orientiert. Ähnliches trifft auf den Gefühlsraum zu. Er lässt sich allerdings nicht vollständig in den Ortsraum einlagern. Viele Atmosphären des Gefühls zeichnen sich optisch, akustisch oder in Vorstellungsbildern der Erinnerung oder der Phantasie ab, oft als bloß wahrgenommene oder nur flüchtig berührende, noch ehe sie ergreifen, aber ebenso gibt es Gefühle, die man nie vor Augen oder vor Ohren hat, auch nicht in der Vergegenwärtigung, und die dennoch leiblich spürbar ergreifen, so, wenn man ohne erkennbaren Anlass von Glücksgefühl überwältigt wird oder in Schwermut oder Verzweiflung versinkt.[7] Die Einfügbarkeit der Atmosphären in den Ortsraum geht aber so weit, dass sich der Mensch aus den ihm so an Orten verfügbar gewordenen Gefühlen seinen eigenen Gefühlsraum zurechtmachen kann. Das ist die Leistung des Wohnens, mit der ich diese Darstellung abschließen will.

Wohnen ist mehr als Befriedigung körperlicher Bedürfnisse durch vor Wind und Wetter schützende Mauern, nämlich die Kunst, Atmosphären, die Gefühle sind, so einzufangen und auszubilden, dass der Mensch sich mit seinem leiblichen Befinden

---

[6] Das zeigt der Kleint'sche Drehstuhlversuch, den ich mehrfach besprochen habe, zuerst und ausführlich in: System der Philosophie, Band III, Teil 1, Bonn 1967, in Studienausgabe 2005, S. 233–235.

[7] Vgl. Mörikes Gedicht *Verborgenheit*, in diesem Buch auf S. 55 f.

harmonisch auf sie einstimmen kann. Weil sie, wie sich gezeigt hat, darauf angelegt sind, den Raum erlebter Anwesenheit mit flächenloser Besetzung total zu beanspruchen, muss für das Wohnen zunächst ein solcher Raum eingegrenzt werden, damit sie dem Verfügen des Menschen nicht entweichen. Diesem Zweck dient die Umfriedung, die die Wohnung aus dem, was draußen ist, aber als Kontrast mit ihr zusammengehört, heraushebt. Wohnen ist Kultur der Gefühle im umfriedeten Raum.[8] Diese Definition trifft nicht nur auf die häusliche Wohnung zu, sondern auch auf Wohnungen im weiteren Sinn wie die christliche Kirche (als Innenraum) und den Garten. Die Formung der Gefühle im umfriedeten Raum geschieht durch Bewegungssuggestionen und synästhetische Charaktere. Das sind Brückenqualitäten, die sowohl am eigenen Leibe gespürt als auch an Gestalten wahrgenommen werden können. Wegen dieser Leibnähe lassen sich Gefühle an mit solchen Brückenqualitäten behafteten Gestalten ebenso wie ergreifend in Leibern nieder, selbstverständlich ohne dass solche Gestalten deshalb etwas fühlen müssten. So werden Gestalten, auch wenn sie leiblos sind, Träger von Atmosphären des Gefühls, die sich an ihnen abzeichnen, und zugleich Partner im gemeinsamen Antrieb antagonistischer Einleibung, auch wenn sie selbst nichts spüren können, so etwa, wie wenn jemand sich in ein Bild verliebt und mit ihm durch gemeinsamen Antrieb verbunden ist, obwohl das Bild nichts spüren kann. Die Einleibung lässt das an der Gestalt wahrgenommene Gefühl zum eigenen des leiblich kommunizierenden Bewussthabers werden. Ein Beispiel: Der zarte, fragende, von hinten kommende Ruf »Hallo« des ihr bis dahin unbekannten Dichters Bertold Brecht machte die junge, verheiratete Journalistin Ruth Berlau diesem auf die Dauer und zu ihrem Unglück erotisch hörig; sie schreibt darüber: »Dieses zarte, fragende Ru-

[8] Hermann Schmitz, System der Philosophie, Band III, Teil 4, Bonn 1977, in Studienausgabe 2005, S. 258–308: Wohnen als Kultur der Gefühle im umfriedeten Raum.

fen ist, wie ich später erfahren habe, für viele Frauen sozusagen zum Inhalt ihres Lebens geworden. Darauf haben sie gewartet, darauf haben sie gebaut, und davon haben sie geträumt.«[9] Brecht hatte es verstanden, einen Ton zu treffen, dessen synästhetischer Charakter mit Gefühlen gesättigt war, auf welche die leibliche Disposition der Frauen, die er verführen wollte, so abgestimmt war, dass sie ihm des Geräusches halber in einseitiger Einleibung widerstandslos verfielen.

In vergleichbarer, aber harmloserer Weise führt der Einsatz von Bewegungssuggestionen und synästhetischen Charakteren an geeignet gestalteten Gegenständen zur Formung von Atmosphären des Gefühls im umfriedeten Raum einer Wohnung und zur Einstimmung der Bewohner und / oder Besucher in diese Atmosphären. Das gilt für den Kirchenraum und den Garten ebenso wie für die häusliche Wohnung. In dieser ist besonders das Wohnzimmer zu solcher Kultur der Gefühle bestimmt, die nach dem Geschmack des einrichtenden Bewohners durch Bewegungssuggestionen und synästhetische Charaktere Atmosphären so züchtet oder dämpft, dass ein Gefühlsklima der gewünschten Art entsteht. Dazu gehört die Gestaltung der Wände, der Decke und des (blank belassenen oder mit Teppich belegten) Fußbodens ebenso wie die Möblierung und die Regelung des Lichteinfalls, der Temperatur und der Geräusche. Im Wohnzimmer empfängt man seine Gäste, um ihnen die eigene Lösung dieser Aufgabe zu demonstrieren.

---

[9] Ebd. S. 477, nach: Marcel Reich-Ranicki, Bertold Brecht und seine Kreatur. Die Erinnerungen der Ruth Berlau, in: Frankfurter Allgemeine Zeitung vom 14. Dezember 1985, Literaturseite.

Gefühle als Atmosphären

Die Neue Phänomenologie setzt sich die Aufgabe, das Denken für die unwillkürliche Lebenserfahrung begriffsfähig zu machen. Unwillkürliche Lebenserfahrung ist alles, was Menschen merklich widerfährt, ohne dass sie es sich absichtlich zurechtgelegt haben. Sie ist die einzige Grundlage zur Rechtfertigung von Behauptungen. Eine andere Kontrolle gegen die Willkür von Konstruktionen gibt es nicht. Daher verteidigt die Neue Phänomenologie jede unwillkürliche Erfahrungsweise, die sie aufdecken kann, gegen systematische und etablierte Umdeutungen. Solche betreffen die Gefühle, wenn diese als private Seelenzustände und daher, wie alles Seelische, als raumlos ausgegeben werden. Dagegen setze ich die These: *Gefühle sind räumlich ergossene Atmosphären und leiblich ergreifende Mächte.* Was hier »Atmosphäre«, »räumlich« und »leiblich« heißen soll, muss zunächst präzisiert werden. Als *Atmosphäre* bezeichne ich die Besetzung eines flächenlosen Raumes oder Gebietes im Bereich erlebter Anwesenheit. Ich spreche von Besetzung statt von Erfüllung, damit auch Platz bleibt für eine Atmosphäre der Leere, von der noch zu sprechen sein wird. Es ist nicht an entlegene Räume zu denken, sondern an solche, die jemand als anwesend erfährt, erfüllt z.B. von Gefühlen wie Freude, Trauer, Zorn, Scham, Furcht, Mut, Ärger, Mitleid, Zufriedenheit. Es kommen nur flächenlose Räume in Betracht. Solche sind dem üblichen Vorverständnis unbekannt. Seit der griechischen Geometrie konzentriert sich die dem Raum gewidmete Aufmerksamkeit auf den flächenhaltigen Raum, in dem es drei Dimensionen, Figuren, Lagen, Abstände und durch diese sich gegenseitig bestimmende Orte gibt, die zu sagen gestatten, wo etwas ist. Die Koordinatengeometrie seit Descartes überzieht diesen Raum mit einem beliebig umfassenden und detaillierten System solcher Orte. Das alles ist aber nur möglich, weil es in ihm Flächen und an diesen wiederum Strecken gibt, umkehrbare Verbindungsbahnen, an denen Lagen und Abstände abgelesen werden können. Das alles fehlt in flächenlosen Räumen. Ich gebe einige Beispiele. Flächenlos ist der Raum des Schalls. Ich denke nicht nur an die auf die Schallquelle bezüglichen Signale für Richtung und Entfernung, sondern mehr noch an die Bewegungssuggestionen, mit denen der Schall Gebärden vorzeichnet, die etwa durch Rhythmus und Tonlage auf die Tanzenden und Marschierenden überspringen, ferner als stechender Lärm, als Hall und Echo, als sonorer, weit ausladender Gongschlag oder schriller, spitzer Pfiff mit synästhetischen Masseneigenschaften usw. Der Schall hat Volumen, aber nicht dreidimensionales, weil keine Flächen; drei Dimensionen sind nur mit Hilfe von Strecken unterscheidbar, diese nur an Flächen möglich. Volumen wie der Schall hat auch die einprägsame Stille, die als feierliche weit und dicht, als drückende eng und noch dichter, als Stille eines unberührten Morgens weit und zart ist. Andere Beispiele sind der Raum des Wetters, der den empfindlichen Menschen mit einer formlosen Weite z. B. dann umgibt, wenn dieser aus stickiger Luft ins Freie tritt; der Raum des unauffälligen Rückfeldes, das man durch kleine Bewegungen des Aufrichtens, Zurücklehnens, Sichdrehens unaufhörlich in Anspruch nimmt; der Raum des entgegenschlagenden Windes, den man als eine Bewegung von etwas her, aber ohne Ortswechsel, erfährt, wenn man ihn nimmt, wie er sich gibt, und nicht in bewegte Luft umdeutet; der Raum der frei sich entfaltenden Gebärde; der Raum des Wassers für den Schwimmer, der gegen ein widerstehendes, flächen- und streckenloses, aber mit Richtungen des Vorwärtsstrebens und Entgegenströmens versehenes Volumen ankämpft oder sich von einem solchen ruhig tragen lässt.

Die beiden für mich wichtigsten Typen flächenloser Räume sind der Raum des Leibes und der Raum der Gefühle als Atmosphären. Als den *Leib* eines Menschen bezeichne ich den Inbegriff alles dessen, was er von sich, als zu sich selbst gehörig, in der Gegend – nicht immer in den Grenzen – seines Körpers spüren kann, ohne sich der fünf Sinne Sehen, Hören, Tasten, Riechen, Schmecken und des aus ihren Erfahrungen gewonnenen perzeptiven Körperschemas (der habituellen Vorstellung vom eigenen Körper) zu bedienen. Dazu gehören erstens die bloßen leiblichen Regungen wie Schreck, Angst, Schmerz, Hunger, Durst, Jucken, Stechen, Wollust, Ekel, Frische, Müdigkeit, zweitens die leiblichen Regungen, die affektives Betroffensein von Gefühlen sind, drittens die gespürten willkürlichen und unwillkürlichen Bewegungen wie Gehen, Greifen, Springen, Tanzen, Zittern, Zucken, Schlucken, und viertens die unumkehrbaren leiblichen Richtungen, teils ohne Bewegung vorkommend wie der Blick, teils an Bewegungen gebunden wie Ausatmen und Schlucken. Alle diese leiblichen Ereignisse sind flächenlos. Am eigenen Leib kann man keine Flächen spüren. Nur am eigenen Körper kann man sie besehen und betasten. Der Leib ist gewöhnlich ein Gewoge verschwommener Inseln, unter denen sich einige durch Konstanz, Struktur und Funktion auszeichnen. Dazu gehört die Ateminsel in der Brust- oder Bauchgegend. Sie bildet sich bei jedem Einatmen neu durch Verschränkung engender Spannung mit weitender Schwellung, wobei anfangs die Schwellung führt, von der sich das Übergewicht allmählich zur Spannung hin verlagert, bis diese unerträglich zu werden droht und ihr Übergewicht von der unumkehrbar aus der Enge in die Weite führenden Richtung des Ausatmens abgeführt wird, womit die Leibesinsel zusammensinkt, um gleich wieder neu gebildet zu werden. Abermals zeichnet sich daran, wie am Schall, an der feierlichen oder drückenden Stille und an dem Wasser, wie es dem nicht blickenden und sich der optischen Vorstellung enthaltenden Schwimmer begegnet, das nicht-dreidimensionale Volumen flächenloser Räume ab, nun in seiner leiblichen Grundform als Konkurrenz von Engung und Weitung als Spannung und Schwellung. Das ist die Struktur des vitalen Antriebs, auf dem die von mir eingehend studierte leibliche Dynamik hauptsächlich beruht. Wenn die Engung aushakt, wie im heftigen Schreck, ist der Antrieb gelähmt, und wenn die Weitung ausläuft, wie beim Einschlafen und Dösen sowie nach der Ejakulation, ist er erschlafft. Er besteht nämlich in der konkurrierenden Verschränkung beider Impulse.

Unter den leiblichen Regungen kommen Atmosphären vor. Es gibt teilheitliche leibliche Regungen, die auf einzelnen Leibesinseln angesiedelt sind, wie Kopf- und Bauchschmerzen oder müde Beine. Außerdem gibt es ganzheitliche leibliche Regungen, in die der Leib ohne Verteilung auf Inseln wie in ein Klima ganzheitlich eingetaucht ist. Max Scheler sprach von Lebensgefühlen.[10] Ein Beispiel ist die Mattigkeit. Sie ist von Müdigkeit verschieden. Müdigkeit kann ganzheitlich oder teilheitlich sein, Mattigkeit nur ganzheitlich. Müdigkeit bedarf der Ruhe und befriedigt sich an ihr. Mattigkeit wird durch Ruhe so wenig wie durch Bewegung abgefunden; sie ist eine empfindliche Schwächung der Lebenskraft ohne Rücksicht auf den Bewegungszustand. Andere Beispiele sind das leibliche Behagen beim Faulenzen in der Sonne oder in der Badewanne, den Leib mit einem Schlag durchziehende Gebärden wie das stolze Sichaufrichten und das schlaffe Zusammensinken des Bekümmerten, das mehr oder weniger rasch wechselnde Befinden am Morgen, wenn man schwer in Gang kommt, überhaupt die Tagesform eines Menschen. Solche leiblichen Atmosphären sind zwar randlos, aber nicht überall im Raum erlebter Anwesenheit. Die eigene Mattigkeit verträgt sich mit einer von Lebenskraft strotzenden Umgebung, und das Behagen in der Badewanne reicht nicht über deren Ränder hinaus, während das Behagen als Gefühl, geborgen zu sein in der Liebe eines Menschen oder eines harmonischen Familienkreises, den Betroffenen überall hin begleitet.

Im Gegensatz zu den ganzheitlichen leiblichen Regungen sind die Gefühle Atmosphären, die darauf angelegt sind, den

---

[10] Max Scheler, Der Formalismus in der Ethik und die materiale Wertethik, 4. Auflage, Bern 1954, S. 350–354.

Raum erlebter Anwesenheit total zu erfüllen, weswegen ich von ihrer randlosen Ergossenheit spreche. Ich zeige das gern am sozialen Gefühlskontrast. Zu diesem Zweck vergleiche ich zwei Gefühle, Fröhlichkeit und Trauer, mit zwei ihnen nah verwandten leiblichen Regungen, Frische und Mattigkeit; Fröhlichkeit wird oft mit Frische, Trauer mit Mattigkeit gefühlt. Wenn ein fröhlich erregter Mensch ahnungslos an eine Gesellschaft tief trauriger Menschen gerät, wird er bei einiger Feinfühligkeit den lebhaften Ausdruck seiner Fröhlichkeit etwas dämpfen, vielleicht sogar scheu zurücktreten. Anders wird sein Verhalten ausfallen, wenn er als Frischer an eine Gesellschaft von Matten gerät. Falls er von diesen etwas will, wird er sich nicht so bändigen lassen, sondern versuchen, die Matten durch Zuruf oder gar Zugriff aufzurütteln; wenn er nichts erreicht, wird er eher bereit sein, ihnen tätig weiterzuhelfen, indem er ihnen eine Stärkung reicht oder den Arzt ruft usw. Dieser Unterschied im Kontrastgrad bedarf der Erklärung. Die Achtung vor der Menschenwürde reicht dafür nicht aus. Sie würde ebenso den Matten wie den Trauernden zugute kommen und eher dazu führen, auch auf diese zuzugreifen und sie aufzurichten, um ihnen die Haltung des Stolzes und der Würde zurückzugeben. Eine stärkere Hemmung ist erforderlich, um den Fröhlichen zu bewegen, von den Trauernden abzulassen. Das kann nur die Autorität der Trauer selbst sein, einer von den in diese verstrickten Menschen ausstrahlenden Atmosphäre, die den Anspruch erhebt, den Raum erlebter Anwesenheit ganz zu besetzen, und mit der Stärke dieses Anspruchs den in dieser Lage minder gewichtigen, aber gleich umfassenden Anspruch der Fröhlichkeit niederschlägt. Die Mattigkeit dagegen stellt keinen solchen Anspruch, weil die bloßen leiblichen Regungen auch als ganzheitliche nur begrenzte, den Raum erlebter Anwesenheit nicht total beanspruchende Atmosphären bilden und auch nicht die Autorität von Gefühlen haben.

Außer den Gefühlen gibt es noch andere Atmosphären mit Tendenz zur totalen Ausdehnung im Raum erlebter Anwesenheit, zum Beispiel das Wetter in dem nicht physikalisch oder psychologisch ausgedeuteten Sinn, wie es leiblich gespürt wird und den nächstliegenden Gesprächsstoff noch unter Fremden bildet. Auch die Stille in einer weiten Ebene oder in der Nacht kommt in Betracht. Wetter und Stille können Gefühle sein, etwa als heiter strahlende, beklemmende, drückende oder feierliche Atmosphären; oft fehlt ihnen aber diese Auszeichnung. Um das unterscheidende Merkmal der Gefühle gegenüber solchen Atmosphären, wenn sie nicht Gefühle sind, ausfindig zu machen, muss das Verhältnis der Gefühle zu den leiblichen Regungen thematisiert werden. Gefühle werden zu eigenen des sie fühlenden Menschen, indem sie ihn leiblich spürbar ergreifen. Außerdem gibt es noch ein anderes Fühlen, ein bloßes Wahrnehmen der Atmosphäre. Der ernsthafte Beobachter eines fröhlichen, aber etwas ordinären Volksfestes kann von der Atmosphäre der Fröhlichkeit aufdringlich betroffen werden, ohne Fröhlichkeit zu empfinden; vielleicht fühlt er sich abgestoßen. Es kommt sogar vor, dass ein Gefühl, das niemand fühlt, als Atmosphäre einen Menschen nicht direkt, sondern durch ein anderes, entgegengesetztes Gefühl hindurch in Bann zieht. Ich denke an den Zorn, den ein von schwerer Schuld geplagter Mensch als Drohung spürt und fürchtet, wie die Kindsmörderin Gretchen in Goethes *Faust*, der ein böser Geist wie die Stimme des Gewissens zuruft: »Grimm fasst dich.«[11] Ganz ähnlich bekennt sich der Muttermörder Orestes in den *Choephoren* des Aischylos noch vor dem Erscheinen der Rachegöttinnen als rasend vor Furcht, die ihn zum Tanz im Ton des Grolls treibe[12], eines absoluten Zorns ohne Zürnenden wie bei Gretchen. In anderen Fällen wird die erst bloß wahrgenommene Atmosphäre zur leiblich spürbar selbst gefühlten. Goethes Faust, als lüstern verliebter Spion Gretchens Zimmer betretend, ruft aus:

[11] Goethe, Faust, Vers 3806.
[12] Aischylos, Choephoren, Vers 1025.

Wie atmet rings Gefühl der Stille,
Der Ordnung, der Zufriedenheit![13]

Sein eigenes Fühlen ist zunächst entgegengesetzt, aber leicht lässt sich denken, dass etwas von der Atmosphäre ergreifend, vielleicht nur streifend, auf ihn übergeht. Ähnliches mag dem zerrissenen oder bösartigen Menschen widerfahren, den die milde, stille, feierliche Atmosphäre eines zufällig betretenen Kirchenraumes zu seiner Überraschung versöhnlicher stimmt. Solche Übergänge zeigen, dass das Gefühl als wahrgenommene Atmosphäre dasselbe ist wie das leiblich ergreifende Gefühl. Die Leiblichkeit des Ergriffenwerdens wird evident an der überraschenden Gebärdensicherheit des Ergriffenen. Zum Ausdruck der Freude gehören die strahlenden Augen, zufriedenes Lächeln, beschwingter Gang und helle Stimme; wer nicht so fühlt, kann dieses komplizierte Erscheinungsbild nur mit besonderer Begabung und Übung echt nachstellen, aber dem Freudigen gelingt das ganz von selbst. Die Atmosphäre des Gefühls gibt ihm die Bewegungssuggestion ein, die seine Gebärde lenkt. Das Entsprechende gilt für Kummer, Scham, Furcht, Zorn usw., sogar für zwiespältige Gefühle, die ebenso ambivalenten Ausdruck finden, nur nicht für das Mitleid, das meist gut gemeint, aber halbherzig ist; dann muss sich der Mitleidige mit mehr oder weniger Verlegenheit um die passende Bezeugung seiner Zuwendung bemühen, etwa durch die Beteuerung: »in aufrichtiger Anteilnahme«. Nur wenn einmal das Mitleid so spontan und stürmisch kommt wie eigenes Leid, sind die passende Geste oder das richtige Wort kein Problem mehr und gelingen so selbstverständlich wie der Ausdruck anderer Gefühle.

Die Leiblichkeit des Fühlens im Sinne der Ergriffenheit vom Gefühl ist besonders deutlich am Zorn. Noch niemand hat einen Zorn, der in ihm aufsteigt, in seiner Seele oder seinem Bewusstsein dingfest gemacht; vielmehr wird er von ihm leiblich spürbar

---

[13] Goethe, Faust, Verse 2691 f.

überfallen wie von der reißenden Schwere, die ihn abwärts zieht, wenn er ausgleitet und entweder stürzt oder sich gerade noch fängt. Der Zorn treibt ihn eher vorwärts, aber gewichtiger ist der Unterschied, dass der Fallende sich gegen den Impuls der reißenden Schwere heftig sträubt, während der Zornige nicht anders zürnen kann als so, dass er wenigstens anfangs ein Stück weit mit dem ihn ergreifenden Gefühl mitgeht, als Komplize des Zorns, der dessen Impuls zu seinem eigenen macht. Erst danach hat der Zornige Gelegenheit zur personalen Auseinandersetzung mit seinem Zorn, indem er sich entweder noch hineinsteigert oder ihn abwehrt und abzustreifen sucht. Damit ist das gesuchte unterscheidende Merkmal der Gefühle im Verhältnis zu anderen Atmosphären im Raum erlebter Anwesenheit, die nicht Gefühle sind, gefunden. Es besteht in der Verlaufsform der Ergriffenheit von Gefühlen: Wenn die Ergriffenheit echt ist, muss sich der Ergriffene erst einmal mit dem Gefühl solidarisieren, es in seinen eigenen Antrieb übernehmen, und kann erst danach in die personale Auseinandersetzung mit dem Gefühl durch Preisgabe oder Widerstand eintreten. Wer es dagegen schon an der Schwelle seines stürmischen oder auch leise schleichenden Eindringens mit einer ihm gewachsenen Stellungnahme begrüßt, wird entweder von dem Gefühl bloß flüchtig gestreift oder tut nur so, als ob er fühle. Diese provisorische Hinfälligkeit des Ergriffenen an sein Gefühl fehlt bei den total ergossenen Atmosphären, die nicht Gefühle sind. Zwar kann man sich über trübes Wetter ärgern oder in anderer Weise davon affektiv betroffen sein, aber keineswegs muss dem so Betroffenen, wenn das Wetter nicht zum ihn ergreifenden Gefühl wird, erst einmal trübe zumute werden, als ob er erst hinterher mit dem Ärger ablehnend Stellung nehmen könnte. Die Gefühle zeichnen sich also durch die Besonderheit des affektiven Betroffenseins von ihnen, der Ergriffenheit, aus. Das gilt auch im Verhältnis zu den bloßen leiblichen Regungen, vielleicht mit wenigen Ausnahmen. Ein Jucken, einen Schmerz, einen Hunger, einen Durst, die nicht heftig und plötzlich einsetzen, kann man an sich herankommen lassen, indem man sich gleich anfangs über sie hinwegsetzt oder sie in ihrem Aufsteigen nüchtern beobachtet. Viel schwerer ist es, ein Gefühl, von dem man ergriffen ist, etwa einen Zorn oder eine katastrophale Scham, so zu beobachten. Das liegt daran, dass der Ergriffene sich anfangs in sein Gefühl verstrickt und dessen Partei genommen hat; er kann nicht mehr ganz unparteiischer Beobachter sein, ohne zwiespältig in der Doppelrolle zu werden, einerseits in dem Gefühl entweder gefangen zu sein oder sich daraus loszuwinden und andererseits als ruhiger Beobachter darüberzustehen.

Die These, dass Gefühle räumlich ausgedehnte Atmosphären sind, ist naheliegenden Einwänden ausgesetzt. Ihr gemäß, so scheint es, müsste die Ergriffenheit von einem Gefühl vom Aufenthaltsort des Ergriffenen abhängen, je nach dem, ob das Gefühl dort ist; tatsächlich haben aber Menschen, die dicht bei einander stehen, einen völlig unterschiedlichen Gefühlszustand, und der des Einzelnen hängt nicht von seinem Beharren am Ort ab. Zunächst unterstellt ein solcher Einwand dem Gefühl einen Ortsraum mit Lagen und Abständen, und ich habe schon ausgeführt, dass ein flächenloser Raum nicht von dieser Art ist. Freilich kann ein solcher einem Ortsraum eingelagert sein, wie der Raum des Schalls oder der Stille, und das trifft auch für Gefühle zu, deren Raum sich mit dem Ortsraum, wo etwas an einem relativen Ort sein kann, gewissermaßen überschneidet: Oft ist ein bedeutsamer Ort mit Gefühlen gleichsam gesättigt; so spricht Vergil von der ungeheuren Religion eines Ortes, der mit Wald und Fels die Bauern zittern ließ.[14] Andererseits kommen auch starke Atmosphären vor, von denen niemand sagen kann, an welchen Ort sie gebunden sein könnten, z. B. die Überfälle gegenstandsloser Freude und Traurigkeit, denen zu Euphorie und Depression geneigte Menschen ausgesetzt sind. Der eigentliche Fehler des Einwands besteht aber darin, dass er dem Gefühl als ausgedehnter Atmosphäre eine falsche Verding-

[14] Vergil, Aeneis VIII, 349 f.

lichung unterstellt. Gefühle sind nicht Dinge, sondern Halbdinge. Ich habe den Gegenstandstyp der Halbdinge von dem der Dinge folgendermaßen unterschieden: Dinge dauern ohne Unterbrechung und wirken mittelbar als Ursache, die durch eine Einwirkung einen Effekt hervorbringt. Dagegen ist die Dauer der Halbdinge unterbrechbar und ihre Einwirkung unmittelbar, indem Ursache und Einwirkung zusammenfallen. Ein exemplarisches Halbding ist die Stimme, sei es eines Menschen oder einer Tierart. Die Schallfolge wächst, die Stimme nicht. Zwischen zwei Schallfolgen, in denen sie laut wird, ist die Stimme nicht vorhanden, und dann kehrt sie als dieselbe wieder. In der unwillkürlichen Lebenserfahrung fällt sie mit ihrer Einwirkung zusammen, obwohl diese Kausalität in der physikalischen und physiologischen Interpretation, die für die Phänomenologie belanglos ist[15], durch viele Zwischenglieder vermittelt wird. Ein anderes Halbding ist der chronische, wiederkehrende Schmerz, der nicht nur ein peinlicher Zustand der Bedrängnis ist wie die Angst, sondern auch ein zudringlicher Widersacher, dem der Betroffene sich stellen muss. Im Schmerz kann man nicht aufgehen wie in der Angst, mit deren Impuls der Geängstete, z.B. in panischer Flucht, solidarisch wird, sondern man muss sich mit ihm auseinandersetzen, weil er den Gequälten mit der Zudringlichkeit eines Halbdings konfrontiert. Weitere Beispiele sind der Wind, der elektrische Schlag, Melodien, die einen verfolgen, Geräusche wie stechender Lärm und schrille Pfiffe, schneidende Kälte und brütende Hitze, die Nacht und die Zeit, wenn sie in Langeweile oder gespannter Erwartung sich unerträglich dehnt. Halbdinge sind auch die Gefühle, z. B. immer wieder einmal aufsteigende Bitterkeit oder Scham. Sie können zwar auftreten, ohne gleich zu ergreifen, aber wenn sie ergreifen, lassen sich

---

15 Vgl. zu dieser Interpretation Hermann Schmitz, Jenseits des Naturalismus, Freiburg i. Br. / München 2010, S. 24–77: Grenzen der naturwissenschaftlichen Erkenntnis; Gibt es die Welt?, Freiburg i. Br./München 2014, S. 116–130.

Ursache und Einwirkung nicht so unterscheiden wie bei einem Ding, z. B. einem fallenden Stein, der als Ursache verschieden ist von seiner Einwirkung, dem Stoß, mit dem er den Effekt bewirkt. So wie sie auftreten, verschwinden sie auch. In den Zwischenzeiten sind sie so wenig da wie die Stimme eines Menschen, der nicht spricht. Sie kommen spontan oder werden durch einen Anlass geweckt. Dieser Anlass kann in der Lebensgeschichte eines Menschen bestehen. Dann begleiten ihn die Gefühle als Atmosphären unabhängig von seinem Aufenthaltsort und sind oft nur ihm zugänglich, den Umstehenden aber verschlossen. Das spricht so wenig gegen ihre Realität, wie es gegen die von Bauchschmerz oder Kopfschmerz spricht, dass man sie nur selber empfinden kann. Ebenso, wie solche dem Individuum vorbehaltenen Gefühle, gibt es aber auch Kollektivgefühle, die mit einem Schlag mehrere oder viele Menschen ergreifen, wie stürmischer Mut eine Truppe, Furcht, Grauen oder Entsetzen mit Angst eine Menge in der Panik, zornige Erregung eine Menge in Aufruhr oder fromme Begeisterung und Sehnsucht eine Gemeinde beim Gesang. Gemeinsames Singen verbreitet ein gemeinsames Gefühl wie eine Stimmungsglocke über die Singenden, etwa als Volks-, Arbeits-, Kriegs-, Kirchenlied oder als Nationalhymne. Die Liebe, in der zwei oder mehr Menschen einträchtig zusammengehören, ist ein ihnen gemeinsames Gefühl mit einer Autorität, die an jeden von ihnen Ansprüche stellt und nur dadurch besteht, dass die Liebenden sie durch ihr höchst persönliches, mit keinem anderen teilbares Lieben, ihr affektives Betroffensein von dieser Liebe und ihrem Umgang damit, aufrechterhalten.[16]

Für die Art, wie die Menschen fühlen, gibt es typisch verschiedene Bestimmungsgründe. Das Fühlen als affektives Betroffensein von Gefühlen ist primär leibliches Ergriffensein und greift beim vitalen Antrieb an, in dem Engung und Weitung

[16] Vgl. Hermann Schmitz, Situationen und Konstellationen, Freiburg i. Br. / München 2005, S. 99–111: Die Liebe und das Lieben.

als Spannung und Schwellung gegenläufig verschränkt sind. Für die Bindungsform dieser Verschränkung gibt es ebenso in der aktuellen leiblichen Regung wie in den beharrlichen leiblichen Dispositionen der Individuen drei Möglichkeiten. Die Bindung kann kompakt sein, so dass Engung und Weitung zäh an einander haften und ihre Gewichte sich nur mit geringer Amplitude und allmählich verschieben lassen. Ein solcher Antrieb ist beständig, aber schwer aufwühlbar und daher für das Angreifen der Gefühle wenig oder mit Verzögerung empfänglich. Bei der zweiten Form ist der Antrieb schwingungsfähig, mit großen Ausschlägen zum Übergewicht der Engung oder der Weitung hin. Beim dritten Typ ist die Bindung locker, so dass aus dem Antrieb Anteile von Engung als privative Engung (z. B. im Schreck) und Anteile von Weitung als privative Weitung (z. B. in Erleichterung, Zartheit, Spiritualität) abgespalten werden können. Solche Menschen sind einerseits der Bestürzung ausgesetzt, haben andererseits aber durch privative Weitung die Chance, in der Ergriffenheit Abstand zu halten. Zu diesen Unterschieden leiblicher Empfänglichkeit kommen die personalen. In der phänomenologischen Theorie der Personalität wird dargelegt, dass die Person mit ihrer leiblichen Dynamik durch personale Emanzipation und personale Regression, Abstand nehmend und darauf zurückfallend, verbunden ist. Das Verhältnis und die Ausgestaltung beider Prozessrichtungen sind von großer Bedeutung für die Empfänglichkeit der Person für Gefühle. Man kann über seine Gefühle, auch wenn sie leiblich spürbar ergreifen, hinwegleben. Man kann auch auf verschiedenen Niveaus personaler Emanzipation, eventuell gleichzeitig, verschieden betroffen werden. Die Lebensgeschichte hat einen wichtigen Einfluss darauf, ob und wie sich die Person gegen Gefühle sperrt. Die Chance für die Person, sich nach der anfänglichen Überwältigung durch das ergreifende Gefühl in Preisgabe oder Widerstand damit auseinanderzusetzen, gibt Gelegenheit zur Entwicklung einer persönlichen Kultur des Fühlens zwischen Rohheit und subtiler Verfeinerung.

Die These, dass Gefühle Atmosphären sind, will ich nun noch durch Musterung einiger Gefühle dem Verständnis näher bringen. Aufdringliche Atmosphären des Gefühls, die ebenso individuell wie gemeinsam gefühlt werden können, sind Verlegenheit und Betretenheit, in die jemand ahnungslos hineinplatzt, so dass ihm das Wort auf den Lippen erstirbt, die Aufgeregtheit vor einer Schlacht oder in einer Krise anderer Art (»knisternde Spannung«), die ahnungsvolle Mischung von Verheißung und Drohung in unbestimmter Erwartung[17], ferner die optisch-klimatischen Atmosphären: Abendstimmung, Novemberstimmung usw. Verwandt ist der feierliche Ernst mit weit ausladender Atmosphäre, ein mächtiges Gefühl, das sowohl spontan in einer weiten, öden, stillen Landschaft von großem Format als auch bei feierlichen Anlässen auftreten kann und das Besondere an sich hat, dass es gegen Lust und Leid (oder Unlust) indifferent ist; an diesem Beispiel scheitern die von Aristoteles angeregten[18], bei Kant und in der Psychologie der Folgezeit zur vermeintlichen Selbstverständlichkeit gediehenen Versuche, das Gefühl auf Lust und Unlust zu reduzieren und dadurch seine Fixierung in der Seele zu besiegeln. Freude ist ein hebendes Gefühl, das das Leben leicht macht. Diese Leichtigkeit ist nicht nur metaphorisch zu verstehen, aber auch nicht vom Körper. An der körperlichen Schwere ändert sich durch Freude nicht das Geringste. Die Leichtigkeit betrifft vielmehr den vom Körper säuberlich zu unterscheidenden spürbaren Leib. Wegen seiner Erleichterung imponiert die unveränderte physische Schwere nicht mehr wie sonst; der Freudige hüpft (»Freudensprung«) oder »schwebt in Seligkeit«. Das braucht nicht an gesteigertem Kraftgefühl zu liegen; es gibt nämlich auch eine passive Freude, in die man sich schlaff fallen lässt, z. B. bei der Erleichterung von

[17] Vgl. Hermann Schmitz, System der Philosophie, Band III, Teil 2: Der Gefühlsraum, zuerst Bonn 1969, S. 300–304: Das Ahnungsvolle (Erwartungsgefühl).

[18] Nikomachische Ethik 1105b21–23.

einer schweren Sorge, und solche Freude hebt nicht weniger, weil man mit ihr in eine levitierende, hebende Atmosphäre des Gefühls geraten ist.

Besonders geeignet zum Aufweis der atmosphärischen Natur des Gefühls ist die Scham. Es kommt vor, dass jemand sich beschämend benimmt, ohne sich zu schämen, die Umstehenden aber peinlich berührt sind. Diese Peinlichkeit ist immer noch Scham, aber abgeschwächt. Der katastrophal Beschämte möchte in den Boden versinken und senkt den Blick; der peinlich Berührte kneift die Augen etwas zu, um nicht zu genau hinzusehen, und möchte lieber weg sein. Dass die Peinlichkeit selbst noch Scham, nur abgeschwächte, ist, zeigt sich daran, dass sie auch, gesteigert, als katastrophale Scham vorkommt; man sagt dann: »Es ist mir entsetzlich peinlich, dass …« Da aber im angegebenen Fall niemand sich katastrophal schämt, kommt auch keine Gefühlsansteckung in Frage; die Scham erweist sich damit als reine Atmosphäre, die von ihrem Verdichtungsbereich, wo der schamlose Unverschämte sich beschämend benimmt, zur Peripherie hin abnimmt, aber immer noch als peinliches Berührtsein spürbar ist. Ein quälendes Gefühl von anderer Art habe ich als Verzweiflung bezeichnet und ausgiebig studiert.[19] Ich denke nicht an versagte Wunscherfüllung, sondern an die Atmosphäre gefühlter Leere, in der dem Betroffenen der Halt entzogen ist, der dem Zufriedenen (selbst ohne Wunscherfüllung) vom Gefühl der Geborgenheit und der ruhigen Selbstsicherheit kommt. Für Verzweiflung in diesem Sinn haben die Franzosen das Wort *ennui*, das eine mit Ekel gemischte Langeweile bezeichnet; ein anderes Gesicht dieser Verzweiflung ist die *acedia* der frühchristlichen Wüstenväter, die mittags das Motiv des Verweilens in ihrer Zelle verloren und ziellos herumirrten. Verzweiflung ist ein beklemmendes und bedrängendes Gefühl wie die Trauer, aber nicht drückend wie diese, sondern haltlos; sie stiftet zu einer halt- und ziellosen Unruhe an, die Horaz mit den Worten

[19] Wie Anmerkung 17, S. 219–244.

charakterisiert: »Angestrengte Trägheit hält uns in Atem.«[20] Verzweiflung kann sich aus erfolgloser Reflexion auf den Sinn des Lebens ergeben, aber auch spontan als mächtig ergreifende Atmosphäre auftauchen, etwa in kühler, bleicher, befremdlicher Abenddämmerung[21] oder an einem nasskalten Morgen im hässlichen Häusermeer einer Großstadt oder auf dem Bahnhof.

Die Neue Phänomenologie geht mit ihrer Lehre vom Gefühl hinter die Weltspaltung zurück, die als seither weitgehend dominantes Paradigma der europäischen Intellektualkultur um 450 v. Chr. – philosophisch zuerst fassbar im trümmerhaft überlieferten Werk Demokrits – einsetzt und von Platon und Aristoteles vollendet wird. Im Interesse der Machtergreifung der Person als Vernunft über die unwillkürlichen Regungen wurde danach die erfahrbare Welt in der Weise zerlegt, dass jedem Bewussthaber eine Seele als seine private Innenwelt, in die sein gesamtes Erleben eingeschlossen wurde, zugeteilt und zwischen den Seelen nur eine reduzierte Außenwelt belassen wurde, abgeschält bis auf wenige für Statistik und Experiment geeignete Merkmalsorten, die noch heute das Datenmaterial der Physik bilden, und deren hinzugedachte Träger; der Abfall der Abschälung wurde absichtlich oder versehentlich (unter der Hand) in den Seelen abgeladen. Dieses Schicksal traf insbesondere die Gefühle. Zuvor waren diese ohne Verseelung in einer Weise verstanden worden, die ihrer Auffassung als räumlich ergossene Atmosphären und leiblich ergreifende Mächte in der Neuen Phänomenologie viel näher kommt. Rudolf Otto kommentiert den altindischen (vedischen) Gott Manyu, d. h. »Zorn«, mit den Worten: »Unheimliche Zornmacht wird gefühlt.«[22] Ich erinnere an die vom Schuldbewussten mit Furcht erlittene Drohung des

---

[20] Strenua nos exercet inertia, Briefe I, 11, Z. 28, vgl. die Schilderung der Verzweiflung als eigenen Zustandes: Briefe I 8.

[21] Hermann Schmitz: System der Philosophie, Band III, Teil 1: Der leibliche Raum, zuerst Bonn 1967, S. 153–166; Situationen und Konstellationen (wie Anmerkung 16) S. 181–184.

[22] Rudolf Otto, Das Gefühl des Überweltlichen, München 1932, S. 147.

Zorns, an Goethes Gretchen[11] und den Orestes des Aischylos.[12] Von solchem Zorn als eigenständiger Macht heißt es in der *Ilias*, dass er in Meleager und Achilleus eintauche und den umsichtigen Sinn (Noos) in der Brust sogar der Verständigen schwellen lasse.[23] Diese Schwellung ist als leibliches Ereignis zu verstehen, als Aktivierung der Schwellungskomponente des vitalen Antriebs in der Brustgegend wie beim Einatmen. Der Zorn Jahwes im Alten Testament der Bibel ist so etwas wie ein Ausfluss, der sich wie Feuer oder Wasser über Volk und Land, Vieh, Bäume und Feldfrüchte ergießt[24]; er steht in der Mitte zwischen dem persönlichen Zorn eines Gottes und einer Atmosphäre unheimlich ausbrechender Zornmacht. Jeremia bekennt, dass er von dieser Zornglut übervoll sei und sich mühe, sie zurückzuhalten, sie aber ausgießen müsse über Kinder, Jünglinge, Männer, Weiber und Greise.[25] Wie Jahwes Zorn in Jeremias und Zorn in Achilleus, taucht in der *Ilias* Ares in Hektor ein[26], und Aischylos nennt den Angreifer Hippomedon vor den Toren Thebens »gotterfüllt von Ares«.[27] Die griechischen Götter, namentlich Ares und Aphrodite als Prototypen der Kampfes- und erotischen Erregung, sind zugleich Personen und Gefühlsmächte[28]; die Besessenheit von ihnen ist zugleich die Ergriffenheit von der Macht eines atmosphärischen Gefühls. Diese Atmosphäre braucht nicht stürmisch zu kommen; Pindar beschreibt den ersten Geschlechtsverkehr eines Mädchens mit den Worten, dass es, geführt von Apollon, zuerst zart an die süße Aphrodite gerührt habe.[29] »Aphrodite« ist auch ein Name der Liebe, die nach Em-

[23] Ilias 9, 553 f. und 19, 16.
[24] 4. Mose 17, 11; Jesaja 42, 25; Jeremia 7, 20; Ezechiel 22, 20–22; Hosea 5, 10; Psalm 78, 49 und 88, 17; 2, Chronik 34, 25.
[25] Jeremia 6, 11.
[26] Ilias 17, 210.
[27] Aischylos, Sieben gegen Theben, Vers 497.
[28] Walter Pötscher sprach etwa in diesem Sinn von einem Person-Bereich-Denken (Das Person-Bereich-Denken in der frühgriechischen Periode, in: Wiener Studien. Zeitschrift für Klassische Philologie 72, 1959).
[29] 6. olympische Ode, Vers 35.

pedokles zusammen mit dem Streit oder Groll das Weltgeschehen dynamisch dirigiert. Empedokles rüttelt seinen Schüler auf, nicht blöde glotzend dazusitzen, sondern mit wachem Bemerken aufzufassen, was los ist; dann sehe er, wie die Liebe, gleich an Länge und Breite, da draußen unter den Elementen wirbelt, und das sei dieselbe Liebe, die, unter den Namen der Aphrodite und Wonne den Gliedern der Sterblichen eingepflanzt, sie Liebesgedanken fassen und einträchtige Werke vollenden lasse; das aber habe noch nie ein sterblicher Mann erkannt.[30] Im kosmogonischen Prozess bricht die Liebe nach Empedokles wirbelnd aus und verdrängt den Streit alias Groll an die Peripherie; sie erfüllt den Raum, in dem sich unter ihrem Einfluss die Geschöpfe bilden und mischen. Ohne Zweifel versteht Empedokles sie als dynamisch ergreifende, leiblich die Menschen mit Regungen der Eintracht erfüllende Atmosphäre.

Dieses archaische Gefühlsverständnis kehrt überraschend im Urchristentum zurück, etwa im 1. Johannesbrief. Wie Ares die Kampfbegierde, Aphrodite die erotische Erregung, ist der Gott des Johannes die Liebe, die in uns vollendet ist, wenn wir einander lieben (4, 8.12), und wer in der Liebe bleibt, der bleibt in Gott und Gott in ihm (4, 16). Wie wörtlich dieses urchristliche Darinsein in einem Gefühl zu verstehen ist, sagt der pseudopaulinische Brief an die Kolosser: Die Gläubigen sollen die Glieder auf Erden, in denen sie vorab herumgegangen sind, als sie in ihnen lebten, abtöten, nämlich Begierde, Habsucht, Zorn und das Pathos (die Leidenschaft) schlechthin (3, 5–8). Der Gnostiker Markos fordert sogar vom Bekehrten: »Nimm den Bräutigam auf, und gehe in ihm herum.«[31] Hier greift das heidnische Person-Bereichs-Denken[28] auf das Christentum über, wie auch bei Paulus, wenn er lehrt: »Der Herr ist das Pneuma.«[32] Das Verhältnis

---

[30] Diels und Kranz, Die Fragmente der Vorsokratiker, 8. Auflage, Berlin 1956, 31B.17 Z. 20–26.

[31] Irenaeus, Adversus haereses I 13, 3.

[32] 2. Korinther 3, 17.

des Christen zu der ihn umhüllenden und ergreifenden Atmosphäre ist passiv; die ergreifenden Mächte tragen ihren Streit unter sich aus. Im 1. Johannesbrief heißt es: »Vollkommene Liebe treibt die Furcht aus.« (4, 18) Das ist ganz wörtlich zu verstehen: Der Liebende ist nicht der Handelnde, der sich der Furcht entzieht, sondern Schauplatz des Kampfes, in dem die Liebe die Furcht besiegt. Dass die Worte so zu verstehen sind, ergibt sich aus den viel breiteren und drastischeren Ausführungen derselben Vorstellungsweise in der umgebenden Literatur, vorzüglich in der urchristlichen Lehrschrift *Der Hirt* des Hermas, aber auch in den Testamenten der 12 Patriarchen (einer jüdischen Apokryphe, wohl aus dem 1. Jahrhundert v. Chr.) und den (wohl im 4. oder 5. nachchristlichen Jahrhundert entstandenen) 50 Homilien des Pseudo-Makarios.[33] Johannes denkt, wenn er die vollkommene Liebe über die Furcht siegen lässt, wie Aischylos, dessen Chor im *Agamemnon* fragt: »Wieso denn schwebt beharrlich mir diese Angst als Vorsteherin des grauserblickenden Herzens vor (…) und setzt sich nicht, sie ausspeiend nach Art wirrer Traumbilder, gelehrige Kühnheit auf den lieben Thron des Gemüts?«[34] Die archaische Vorstellung von Gefühlsmächten, die den Menschen besessen halten und auf ihm als Sitz ihren Kampf austragen, kehrt im Urchristentum zurück.

Nur auf der Grundlage dieser Vorstellungsweise ist die Lehrverkündung des Paulus zu verstehen.[35] Die Seele spielt bei ihm keine Rolle; der Mensch ist Leib, und um den Sitz in diesem Leib streiten der Geist (Pneuma) und das Fleisch, wobei der Mensch zwar nicht untätig bleibt, aber trotz Option für das Pneuma der Macht des Fleisches und der Sünde in seinen Gliedern nahezu

---

[33] Das Nähere bei Hermann Schmitz, wie Anmerkung 17, S. 508–518 und: Der Weg der europäischen Philosophie. Eine Gewissenserforschung, Band 2, Freiburg i. Br. / München 2007, S. 26–28.

[34] Aischylos, Agamemnon, Verse 975–984.

[35] Zu Paulus: Schmitz, Der Weg … Band 2 (wie Anmerkung 33), S. 23–32; frühere Darstellung: System der Philosophie, Band II, Teil 1, zuerst Bonn 1965, S. 507–528; Der Leib, Berlin 2011, S. 151–153.

hilflos ausgesetzt ist. Sofern aber das Pneuma siegt, ist er von Christus und vom Pneuma, die dann statt seiner in ihm wirken, besessen wie Hektor und Hippomedon von Ares; sein Leib ist dann ein Tempel des Heiligen Geistes. Der Gegensatz von Geist und Fleisch ist aber nicht platonisch zu verstehen, als Durchsetzung der zur Herrschaft bestimmten Vernunft gegen die fleischlichen, sinnlichen Regungen, sondern im Wesentlichen wie der von Liebe und Streit bei Empedokles. Das ergibt sich aus der Aufzählung der Werke des Fleisches und der Früchte des Geistes im Brief an die Galater (5, 19–22): Werke des Fleisches sind außer sinnlichen Ausschweifungen Götzendienst, Zauberei, Zwist, Gehässigkeit, missgünstiger Eifer, Zorn, Zank, Entzweiung, Spaltung nebst Saufgelagen und dergleichen, Früchte des Geistes dagegen Liebe, Freude, Friede, Langmut, Geradlinigkeit, Güte, Glaube, Milde, Selbstbeherrschung.

Die beschriebene urchristliche Denkweise beruht auf der Erfahrung des Lebens im Pneuma, dem Geist oder Heiligen Geist, wobei diese Übersetzung eher in die Irre führt, weil sie andere Vorstellungen nahelegt als die einer Atmosphäre, die ein Gefühl ist, in dem die davon ergriffenen Menschen mit einander leben. Es handelt sich um ein Gefühl von Freude, gegenseitiger Liebe der Genossen und Freimut (Parrhesia), ein Hochgefühl, zu dem die Christen ermächtigt waren durch ihre Gewissheit der nahen Wiederkunft des Messias zum Weltgericht, bei dem sie als selige Adoptivkinder Gottes auserwählt werden würden. Als dieses Ereignis nicht so bald eintrat und die dominante Ausbreitung des Christentums seit Konstantin der Gemeinde die Bestärkung einer Gemeinschaft von durch Absonderung und Verfolgung zusammengehörigen Aristokraten der Erwählung nahm, erlosch dieses Gemeingefühl, wurde aber konserviert in Gestalt einer dritten Person der göttlichen Trinität. Noch im 4. Jahrhundert stößt der kappadokische Kirchenvater Basilius[36] bei dem Ver-

---

[36] Basilius von Caesarea, De spiritu sancto, Kapitel XXV, p.51a (Migne, Patrologia graera, Band 32, Spalte 180A); deutsch: Über den Heiligen Geist,

such, den Heiligen Geist mit dem Vater und dem Sohn zu koordinieren, auf Widersacher, die sich lieber die Zunge abbeißen würden, als auf die Worte »im Heiligen Geist« zu Gunsten der Worte »mit« oder »und« dem Heiligen Geist zu verzichten. Sie wollten die Atmosphäre nicht für die Person preisgeben.

---

eingeleitet und übersetzt von M. Blum, Freiburg i. Br. 1967, S. 92. Zum Heiligen Geist insgesamt: Hermann Schmitz, System der Philosophie, Band III, Teil 4, zuerst Bonn 1977, S. 13–43: Der heilige Geist.

Kollektive Atmosphären

Kollektive oder gemeinsame Atmosphären sind stets an gemeinsame Situationen gebunden, während gemeinsame Situationen auch ohne gemeinsame Atmosphären vorkommen. Die Klärung des Verhältnisses von Atmosphären und Situationen ist also von zentraler Bedeutung für das Verständnis kollektiver Atmosphären. Dafür muss aber zunächst die Eigenart der Atmosphären einerseits, der Situationen andererseits herausgearbeitet werden. Ich beginne mit den Atmosphären.

Eine *Atmosphäre* ist eine ausgedehnte (nicht immer totale) Besetzung eines flächenlosen Raumes im Bereich erlebter Anwesenheit, d. h. dessen, was als anwesend erlebt wird. Die Zumutung flächenloser Räume hat für die gewöhnliche Einstellung etwas Befremdliches, weil man den Raum für dreidimensional hält und dafür als zweidimensionaler Ausschnitt die Fläche nötig ist, von der man durch Hinzufügung der Dicke oder Tiefe zum Raum aufsteigt. Auch den so eingestellten Menschen sollte man aber leicht von der Existenz flächenloser Räume überzeugen können, indem man ihn an den Raum des Schalls erinnert. Räumlich ist der Schall nicht nur durch Signale für Richtung und Entfernung, sondern er füllt selbst Raum durch sein Volumen, weit ausladend als dumpfer, sonorer Klang, scharf und spitz als heller Pfiff, wieder anders als Hall und Echo, sowie durch seine Bewegungssuggestionen, die von der Musik auf tanzende Leiber überspringen oder als stechender Lärm den Belästigten einengen. Der Schall hat keine Flächen; deshalb ist sein Volumen auch nicht dreidimensional, sondern dynamisch wie das einer ausladenden Gebärde. Flächenlos sind ferner der Raum des Wetters, etwa der trüben Atmosphäre eines Regentages oder der frischen Luft, wenn man aus dumpfer Stube ins Freie tritt, der Raum der einprägsamen (feierlichen, drückenden oder zarten) Stille, des entgegenschlagenden Windes, der frei sich entfaltenden Gebärde, des unauffälligen, dauernd durch kleine Bewegungen in Anspruch genommenen Rückfeldes, des Wassers für den Schwimmer, der sich vorwärts kämpft oder ruhig tragen lässt. Die wichtigsten flächenlosen Räume sind die des spürbaren Leibes und der Gefühle. Ich will mich hier nicht dabei aufhalten, wie ich den spürbaren Leib vom sicht- und tastbaren Menschen- oder Tierkörper der Ausdehnung und Dynamik nach unterscheide und den Gefühlen eine eigenartige Räumlichkeit zuspreche; ich habe mich darüber so oft und eingehend geäußert, dass ich das Gemeinte hier als bekannt voraussetzen darf.[37] Statt dessen will ich Atmosphären dem Typ nach differenzieren. Der Bedarf danach stellt sich z. B. beim Wetter ein. Ich meine nicht das naturwissenschaftlich konstruierte Wetter mit Luftdruck, Luftfeuchtigkeit usw. – schon die Luft ist ein Konstrukt[38] –, sondern das unmittelbar gespürte und gesehene Wetter, das nächstliegende Gesprächsthema noch unter Fremden. Dieses Wetter ist im angegebenen Sinn eine Atmosphäre, die oft den Raum erlebter Anwesenheit ganz erfüllt und darin den Gefühlen gleicht, braucht aber kein Gefühl zu sein. Man kann sich über das Wetter ärgern, wenn es z. B. lästig wird oder Pläne durchkreuzt, ohne von dieser Atmosphäre affektiv betroffen zu werden, in dem Sinn, dass etwas von ihr in das eigene leiblich-affektive Betroffensein überginge; wenn dies aber doch der Fall sein sollte, würde man sie gleich mit einer fertigen Stellungnahme aufnehmen und ihr Eindringen kontrollieren können. Das ist anders bei den Atmosphären, die Gefühle sind. Auch sie brauchen nicht ergreifend in das leiblich-affektive Betroffensein

---

[37] Jüngste Zusammenfassungen: Der Leib, Berlin 2011; Atmosphärische Räume, in: Atmosphären II, hg. v. R. Goetz und St. Graupner, München 2012, S. 17–30; Atmosphäre und Gefühl, in: Atmosphären, hg. v. Ch. Heibach, München 2012, S. 39–56. Vgl. in diesem Buch S. 13–49.

[38] Hermann Schmitz, Was ist Neue Phänomenologie? Rostock 2003, S. 99–112.

überzugehen, aber wenn sie so eindringen, tun sie es stürmisch oder schleichend mit einem Impuls, dem gegenüber der Betroffene nicht von vorherein selbständig ist; er muss erst einmal Partei für das Gefühl nehmen und kann sich erst nach einer Anfangsphase in Preisgabe oder Widerstand selbständig dazu verhalten. Auch das Wetter kann von dieser Art sein; dann ist es ein Gefühl. Wegen dieser Verlaufsstruktur bezeichne ich das affektive Betroffensein von Gefühlen als Ergriffenheit.

Während dies das unterscheidende Merkmal der Gefühle von solchen Atmosphären, die zur totalen Erfüllung des Raumes erlebter Anwesenheit fähig sind, sein dürfte, unterscheiden sich Atmosphären des Gefühls von leiblichen Atmosphären durch ihren Anspruch, den Raum erlebter Anwesenheit total zu besetzen – ich würde sagen: zu erfüllen, wenn es nicht auch ein Gefühl der Leere gibt, das ich als Verzweiflung (im Gegensatz zur Trauer) beschrieben habe. Leibliche Atmosphären sind leibliche Regungen, die nicht auf einzelne Leibesinseln verteilt sind, sondern den ganzen spürbaren Leib umfassen, wie wenn man sich müde und lustlos fühlt oder gereizt, oder umgekehrt bei etwas warm wird und mit Eifer bei der Sache ist. Dann können zwar einzelne Leibesinseln beteiligt sein, aber die Regung ist so, dass man sich selbst im Ganzen so oder so betroffen weiß und nicht bloß etwas von sich hier oder dort. Solche ganzheitlichen leiblichen Regungen, wozu auch das bloß leibliche Behagen im Gegensatz zum Behagen als Gefühl der Geborgenheit gehört, strahlen nicht in den ganzen Raum erlebter Anwesenheit aus und erheben nicht den Anspruch, ihn ganz zu besetzen, wie die Gefühle, z.B. die Scham, die am Rand ihrer Ausstrahlung zur Peinlichkeit für die Anwesenden wird, oder die Trauer, die durch ihre Autorität die Fröhlichkeit des Fröhlichen, der ahnungslos an tief traurige Menschen gerät, niederschlägt oder dämpft; ich habe an diesem sozialen Gefühlskontrast, der konträre Gefühle von ihnen verwandten konträren leiblichen Regungen unterscheidet, ein spezifisches Merkmal der Gefühle abgelesen.

Von den Atmosphären komme ich nun zu den Situationen.

Eine *Situation* ist Mannigfaltiges, das durch eine binnendiffuse Bedeutsamkeit aus Bedeutungen, die Sachverhalte, Programme oder Probleme sind, zusammengehalten wird. Binnendiffus ist die Bedeutsamkeit, weil nicht alles (sehr oft nichts) in ihr einzeln ist; einzeln ist, was eine Anzahl um 1 erhöht. Anzahlen sind Eigenschaften von Mengen, Mengen Umfänge von Gattungen, die gewisse Sachverhalte sind. Einzeln kann etwas daher nur als Fall von etwas, einer Gattung, sein. Wenn diese von vorherein einzeln sein müsste, wäre wieder eine Gattung nötig, deren Fall sie wäre, und so fort *ad infinitum;* man käme nie zu etwas Einzelnem. Daher ist Einzelnes nur möglich, wenn Gattungen in satzförmiger Rede aus der binnendiffusen Bedeutsamkeit von Situationen entbunden werden und Sachen als ihre Fälle schon vereinzeln können, ehe sie selbst definitiv einzeln sind. So kann man *in abstracto* ableiten, dass Situationen benötigt werden, damit überhaupt etwas einzeln sein kann. Konkret sind Situationen der ursprüngliche Boden der gesamten Lebenserfahrung, schon beim Säugling, wohl schon beim Embryo. Wir gehen unablässig durch Situationen hindurch, die meist unauffällig und dann nicht einzeln sind. Alle Wahrnehmung geht auf Situationen, aus denen Einzelnes nur herausgegriffen und zu Konstellationen vernetzt werden kann. Ein Grundfehler der in Europa seit der Scholastik, namentlich der nominalistischen Spätscholastik, herrschenden Denkweise war und ist der Projektionismus, zu meinen, am Anfang der Lebenserfahrung werde Einzelnes aufgelesen, zusammengestellt und je nach Bedürfnissen und Interessen mit Bedeutungen behängt. Man hat sich die Voraussetzungen der Einzelheit nicht klargemacht.

Situationen können aktuell und zuständlich sein. Aktuell sind Situationen, deren Verlauf sich in beliebig dichten zeitlichen Querschnitten, von Augenblick zu Augenblick, verfolgen lässt, z. B. Gefahren, Gespräche, Ausübungen motorischer Kompetenzen wie Gehen, Kauen, Sprechen, ferner Träume, Phantasien, Überlegungen; es lohnt sich nicht, hier weiter aufzuzählen. Zuständlich sind Situationen, deren Verlauf, wenn sie nicht plötzlich abreißen, sich nur nach längeren Fristen sinnvoll abfragen lässt, z.B. eine Sprache, eine Persönlichkeit (d.h. zuständliche persönliche Situation), eine motorische oder intellektuelle Kompetenz, die Standpunkte, die Fassung, die Gesinnung eines Menschen, der im Wechsel des Gesichtes sich durchhaltende Charakter, an dem man ein Ding als etwas von dieser Art oder einen Menschen als diesen (mit dieser Stimme, diesem charakteristischen Gang usw.) erkennt, Lebensformen eines Lebenskreises, in denen sich etwa eine Familie, ein Dorf, eine soziale Schicht eingerichtet hat, und so weiter. Situationen können individuell oder gemeinsam sein. Eine individuelle Situation ist für jede Person ihre zuständliche persönliche Situation, die sogenannte Persönlichkeit der Person. Sie bildet sich aus den Bedeutungen, die für die Person subjektiv sind, in dem Sinn, dass höchstens sie diese Bedeutungen sagen kann. Im präpersonalen Leben sind sie ohne Vereinzelung in Situationen versenkt. Im Zuge der Personwerdung können mit Hilfe satzförmiger Rede einzelne Bedeutungen abgerufen und neutralisiert, d.h. der Subjektivität für die Person entkleidet werden. Unter ihnen sind Sachverhalte, die Gattungen sind und viele Fälle haben können. Wenn für solche Fälle der tatsächliche oder untatsächliche Sachverhalt, dass sie existieren, für die Person neutral wird, werden ihr diese Fälle fremd. Gegenüber dem Fremden baut sich für die Person eine Sphäre des Eigenen auf, bestehend aus allem, woran sie in Zu- oder Abneigung hängt, und deren Kern ist ihre persönliche Situation, zur persönlichen Eigenwelt bereichert durch alle die Sachen, für die der tatsächliche oder untatsächliche Sachverhalt, dass sie existieren, für die Person subjektiv geblieben oder geworden ist. Daraus ergeben sich unübersehbar viele individuelle Situationen der Person, aktuelle sowohl wie zuständliche. Sie sind teilweise der persönlichen Situation als partielle Situationen inkorporiert. Ebenso ist die persönliche Situation in gemeinsame Situationen eingebunden, teils so fest, dass sie nicht ohne erhebliche Rückstände und Verwundungen daraus gelöst werden kann, teils so locker, dass der Person der

Wechsel leicht fällt. Im ersten Fall handelt es sich um implantierende, im zweiten um inkludierende Situationen.

Situationen, auch gemeinsame oder kollektive Situationen, brauchen nicht mit Atmosphären verbunden sein. Ein Gegenbeispiel sind flüssig gesprochene und verstandene Sprachen. Eine Sprache ist eine Situation, die ganz nur aus Programmen besteht, nämlich aus Regeln für die Formulierung von Sprüchen, die der Sprecher zur Darstellung von Sachverhalten, Programmen und / oder Problemen und zu darauf aufgebauten weiteren Zwecken benützen kann. Die Regeln sind die Sätze der Sprache. Sie werden vom Könner der Sprache in sprechendem und verstehendem Gehorsam benützt, ohne sie aus dem Ganzen der Situation, die für ihn (in den Grenzen seines Sprachschatzes) die Sprache ist, einzeln herauszuholen; nur die Erzeugnisse der Benutzung, die Sprüche, und die von ihnen dargestellten Bedeutungen werden einzeln. Eine Sprache ist eine zuständliche gemeinsame Situation, die obendrein segmentiert ist, in dem Sinn, dass ihre binnendiffuse Bedeutsamkeit niemals mit einem Schlage, als vielsagender Eindruck, ganz zum Vorschein kommt. Sprachen sind gemeinsame Situationen ohne Atmosphäre.

Auf der anderen Seite kommen Atmosphären ohne Situationen vor, solange sie privat bleiben und nicht gemeinsam sind. Ein gutes Beispiel sind die Verstimmungen der Zyklothymiker, die ohne Anlass und ohne Deutung von Hochstimmung oder Depression überfallen werden. Unübertrefflich schildert Mörike solche Ereignisse in seinem Gedicht *Verborgenheit:*

Laß, o Welt, o laß mich sein!
Locket nicht mit Liebesgaben,
Laßt dies Herz alleine haben
Seine Wonne, seine Pein!
Was ich traure, weiß ich nicht,
Es ist unbekanntes Wehe;
Immerdar durch Tränen sehe
Ich der Sonne liebes Licht.

Oft bin ich mir kaum bewußt,
Und die helle Freude zücket
Durch die Schwere, so mich drücket
Wonniglich in meiner Brust.

Mörike sucht die Privatheit, um sich im Rückzug von der Welt dem Auf und Ab seiner Gefühle hinzugeben, die ihn undeutbar überfallen und so mächtige Atmosphären sind, dass er das Sonnenlicht nur durch Tränen sieht, in einer Atmosphäre des Gefühls, die ihm die Welt verschleiert, bis plötzlich wie aus dem Nichts, ohne bewusste Überlegung als Anlass, Freude über ihn kommt. Ein anderes Beispiel ist der Genuss anspruchsvoller klassischer Instrumentalmusik, die starke Atmosphären des Gefühls präsentiert, während es eine unverbindliche Spielerei bleibt, Vorschläge darüber zu machen, was der Komponist sagen will, um welche Sachverhalte, Programme oder Probleme es sich handelt, außer in Sonderfällen wie Bachs *Capriccio sopra la lontananza del suo fratello diletissimo*. Auch in diesen Fällen bleibt der Genuss, selbst wenn viele wie beim Konzert gemeinsam hören, Privatsache eines jeden, und es entwickelt sich keine Situation.

Im Gegensatz dazu sind kollektive Atmosphären immer Atmosphären in Situationen. Das dürfte daran liegen, dass sie auf Einleibung beruhen. Einleibung ist eine der beiden Hauptformen – und die gewöhnlichere – leiblicher Kommunikation.[39] Sie beruht auf der leiblichen Dynamik in der für den Leib wichtigsten Dimension von Enge und Weite, nämlich auf dem vitalen Antrieb, in dem Engung und Weitung als Spannung und Schwellung antagonistisch verschränkt sind, einander hemmend und treibend. Der Antrieb kann im Alleinsein stattfinden, etwa bei der Atmung und Entleerung; er kann aber auch gemeinsamer Antrieb sein, und dann handelt es sich um Einleibung.

[39] Hermann Schmitz, Der Leib, Berlin 2011, S. 29–53: Leibliche Kommunikation.

Als Partner kommen andere Leiber von Menschen und Tieren in Betracht, aber auch leiblose Gegenstände, sofern sie mit Bewegungssuggestionen und / oder synästhetischen Charakteren besetzt sind, leibnahen Brückenqualitäten, die ebenso am eigenen Leib gespürt wie an Gestalten wahrgenommen werden können; in Betracht kommen ferner Halbdinge wie der Wind, die unterbrechbar dauern und hinter deren Einwirkung keine unterscheidbare Ursache steht, sogar dann, wenn solche Halbdinge am eigenen Leib begegnen wie der zudringlich wiederkehrende Schmerz oder die reißende Schwere, wenn man ausgleitet und stürzt oder sich gerade noch fängt. Einleibung kann antagonistisch oder solidarisch sein. Antagonistische Einleibung gibt es nur, wenn von wenigstens einer Seite ein Beteiligter sich dem anderen zuwendet; solidarische Einleibung kommt ohne solche Zuwendung aus. Antagonistische Einleibung gibt es als einseitige und als wechselseitige. Sie ist einseitig, wenn jemand an etwas hängt, von dem er gefesselt oder fasziniert ist, so dass er in permanent abhängiger Stellung diesem maßgebenden Partner unterworfen ist. Bei wechselseitiger Einleibung, wie im Gespräch oder bei Kampfspielen, fluktuiert die Dominanzrolle, indem beide Seiten aneinander wechselweise die Initiative, und damit für den Augenblick die Dominanz, abgeben, die zu ihnen zurückkehrt, wenn sich entscheidet, ob die Initiative »landet«. Solidarische Einleibung kommt zu Stande, wenn Menschen oder Tiere durch einen gemeinsamen Antrieb zusammengeschlossen werden, ohne dass dieser davon abhängt, dass einer von den Beteiligten sich dem anderen zuwendet. Ein besonders deutliches Beispiel ist die Massenpanik, wenn jeder, rücksichtslos gegen die anderen, seinem Impuls »Nur weg von hier« als Treibkraft folgt, aber nur, weil es ein gemeinsamer Impuls ist, der auf alle überspringt und sie zu einer flüchtenden Masse vereinigt. Andere Beispiele sind Aufruhr, Massenekstasen, gemeinsames Singen von Volks-, Kriegs- und Kirchenliedern, politischen und sozialkämpferischen Hymnen, gemeinsames Musizieren, spontan abgestimmtes Mannschaftsspiel (auch in einem Wolfsrudel),

Rufen, Klatschen und Trommeln (auch an eine Clique von Einpeitschern delegierbar). Solidarische Einleibung ist fast immer als zugleich antagonistische auf ein Thema bezogen; es gibt seltene Ausnahmen, z. B. motivloses ansteckendes Lachen, wie es als dämonisches Verhängnis in Homers *Odyssee* über Penelopes Freier kurz vor dem Freimord hereinbricht.[40]

Einleibung ist die Heimstätte gemeinsamer Atmosphären und gemeinsamer Situationen, wie ich nun erklären will. An erster Stelle nenne ich leibliche Atmosphären, die unmittelbar aus dem gemeinsamen Antrieb erwachsen und keiner ergreifenden Gefühle bedürfen. Sie gleichen den am eigenen Leib bei Behagen, Müdigkeit usw. spürbaren Atmosphären, von denen schon die Rede war. Ein schönes Beispiel malt Edith Stein aus: »Ich bin von anstrengender Tagesarbeit ermüdet und habe den Eindruck, dass ich heute zu gar nichts mehr fähig bin. Da kommt ein Freund zu mir herein, der noch ganz frisch ist, er trägt mir ein Problem vor, das ihn gerade beschäftigt, und bald sind wir mitten in der lebhaftesten Debatte und von meiner Müdigkeit spüre ich nichts mehr. (...) ›Unser‹ gemeinsames Tun geht frisch vorwärts und die Frische, als von den beiden ausgehend und beide erfüllend erlebt, wird zur Bekundung einer Kraft, an der beide zehren, die ihr gemeinsames Eigentum ist.«[41] Entsprechendes geschieht, wenn ein Lehrer in eine lustlose, angeödete Schulklasse mit einem interessanten Thema kommt und die Schüler durch sein Auftreten mitreißt. Wenn junge Menschen, denen es an Antrieb fehlt, begeistert an einer Clique teilnehmen, in der etwas los ist, in der es hoch hergeht, suchen und finden sie eine kollektive Atmosphäre, die vom Schwung eines rhythmisch bewegten gemeinsamen Antriebs belebt ist. Beim Fußballspiel steigern sich die Fans, die die begünstigte Spielermannschaft

---

[40] Odyssee 20, 345–349.

[41] Edith Stein, Beiträge zur philosophischen Begründung der Psychologie und der Geisteswissenschaften, in: Jahrbuch für Philosophie und phänomenologische Forschung, Band V, Halle 1922, hier S. 156 und 157.

zur Aufbietung aller Kräfte treiben wollen, durch ihre Zurufe in die kollektive Atmosphäre eines sich selbst aufheizenden gemeinsamen Antriebs hinein.

Wichtiger und vielseitiger als diese rein leiblichen gemeinsamen Atmosphären sind die ergreifenden Atmosphären des Gefühls, die sich ihnen auflagern und von dem gemeinsamen Antrieb der Einleibung ebenso angezogen werden wie von dem des Individuums. Alles Ergriffensein von Gefühlen ist leiblich affektiv, wenn auch oft zusätzlich geformt durch personale Stellungnahme in Preisgabe oder Widerstand, und sein Sitz im Leib ist der vitale Antrieb, der je nach der verfügbaren leiblichen Disposition von der ergreifenden Macht zum Schwingen aufgeregt oder durch Spalten zu privativer Weitung oder privativer Engung angeregt wird – lebhaft oder sanft, je nach der aufwühlenden oder beruhigenden Macht des Gefühls. Beim gemeinsamen Singen bestärken sich gegenseitig die solidarische Einleibung in die gemeinsam leiblich ausgeübten Bewegungssuggestionen und die durch sie und den Text vermittelten Gefühle zu einer Art von Stimmungsglocke, die atmosphärisch über der Gruppe liegt und je nach dem von sentimentaler Fülle wie beim Volkslied oder von religiöser Andacht oder Nationalstolz oder Kampfgeist usw. erfüllt ist. Markant sind die kollektiven Atmosphären der Empörung im Aufruhr und von scheuchender Gewalt, die die Griechen »Phobos« nannten, in der panischen Flucht. Herodot und Thukydides berichten wiederholt davon, dass solcher Phobos ohne ersichtlichen Anlass plötzlich selbst in große Heere einfalle und sie auseinander treibe.[42] Phobos ist hier nicht ein Privatgefühl, sondern eine ergreifende Macht, die an solidarische Einleibung einer Menge entweder andockt oder die als gemeinsam ausbrechender Fluchtimpuls diese Einleibung erst erzeugt.

Immer sind solche kollektiven Atmosphären in Situationen eingebettet. Situationen sind der Boden und das ursprüngliche

[42] Herodot IV 203, 3; VII 10_{ε}; Thukydides IV 125, 1; VII 80, 3; VIII 105, 3.

Element aller Lebenserfahrung; aller Umgang mit Einzelnem ist nur durch Schöpfen aus ihnen möglich. Daraus folgt nicht, dass Atmosphären – ausgedehnte Besetzungen eines flächenlosen Raumes im Bereich erlebter Anwesenheit – immer in Situationen eingebunden sind. Individuelle Atmosphären können ja auch situationslos sein. Wenn aber der gemeinsame vitale Antrieb auf Partner verteilt ist, saugt sich der Antagonismus von Spannung und Schwellung mit diffuser Bedeutsamkeit voll, mit dem, was die Partner einander gleichsam zu sagen haben, und die Atmosphäre wird zur Situation. Vielleicht ist das keine genügende Erklärung, aber die Tatsache scheint mir festzustehen, dass kollektive Atmosphären nicht situationslos sein können.

Bisher habe ich kollektive Atmosphären nur in aktuellen Situationen betrachtet. Ebenso stark ist ihr Anteil an zuständlichen Situationen. Ich nenne zwei Beispiele, die Liebe und das Rechtsgefühl. Ich habe Liebe als Gefühl in einer Situation charakterisiert.[43] Weil die Situation zuständlich ist, kann man nicht nur auf einen Augenblick lieben, so wie man einen Augenblick lang zürnen oder neidisch sein kann. Das Verhältnis zwischen Situation und Atmosphäre des Gefühls ist in der Liebe nicht spannungslos. Das Gefühl ist in der Situation gleichsam aufgehängt. Die Aufhängung darf nicht zu locker und nicht zu fest sein. Im ersten Fall flattert die Liebe und wächst in die zuständliche Situation nicht ein. Im zweiten Fall versickert sie gleichsam in der gemeinsamen Situation wie Regen in einem feuchten Erdreich. Das Gefühl ist zwar noch da, kann aber nicht mehr ohne Weiteres in aktuelle Situationen hinein mobilisiert werden, weil es in Sachverhalten, Programmen und besonders Problemen des Zusammenlebens in binnendiffuser Bedeutsamkeit gefangen ist. Das gilt sowohl für die intime Liebe eines Paares als auch für die Liebe im größeren Kreis einer Familie oder Gemeinde geistlicher

---

[43] Hermann Schmitz, Die Liebe, Bonn 1993, S. 63–66, 80–84; Situationen und Konstellationen. Freiburg i. Br. / München 2005, S. 99–111.

oder weltlicher Art. Das Lieben als Fühlen des Gefühls und Mittragen an seiner Autorität ist unteilbar individuell; niemand kann für den anderen mitlieben. Gemeinsam ist die Atmosphäre, die von jedem besonders, aber in Erfüllung einer gemeinsamen Aufgabe, durch die für ihn subjektiven Tatsachen seines Liebens verwaltet wird. Das Entsprechende gilt für alle ergreifenden Gefühle. Die Atmosphäre kann gemeinsam sein, aber das Fühlen als Ergriffensein ist für jeden Teilnehmer sein besonderes.

Eine andere kollektive Atmosphäre des Gefühls ist das Rechtsgefühl. Ich habe meine Lehre vom Recht kürzlich noch einmal straff zusammengefasst.[44] Hiernach bildet sich in einer Population aus Erfahrungen im Umgang mit Zorn und Scham ein gemeinsames Gefühl in einer gemeinsamen Situation, die darüber Aufschluss gibt, welche Ausbrüche dieser ergreifenden Mächte unerträglich sind; diese werden dann unter der Regie klug steuernder Vorgefühle entweder, ihrer eigenen kathartischen Tendenz gemäß, in die Strafe als Katharsis ausgelassen und aufgehoben, oder auf gleiche Weise wird solchen Ausbrüchen vorgebeugt. Das Recht im pathetischen Sinn als das, was in der jeweiligen Gemeinschaft recht und billig und nicht nur willkürlich als (vorgebliches) Recht gesetzt ist, beruht also auf solidarischer Einleibung in die Empfänglichkeit für ein von einer gemeinsamen Situation getragenes Gefühl, das vom Reichsgericht als »das Anstandsgefühl aller billig und gerecht Denkenden« bezeichnet wurde. Die solidarische Einleibung wird an die Individuen der sich verzweigenden Population meist mit der Sozialisation in der Jugend, sonst mit dem Einwachsen des später Eintretenden in die gemeinsame Situation (z. B. die »deutsche Leitkultur«) weitergegeben.

Bisher habe ich mit Liebe und Rechtsgefühl nur kollektive Atmosphären in gemeinsamen zuständlichen Situationen he-

---

[44] Hermann Schmitz, Das Reich der Normen, Freiburg i. Br. 2012, S. 41–140: Das Recht.

rangezogen, die gegen die räumliche Umgebung gleichgültig sind. Ebenso große Wichtigkeit besitzen aber kollektive Atmosphären, bei denen diese Umgebung durch leibnahe Brückenqualitäten, Bewegungssuggestionen und synästhetische Charaktere, in die solidarische Einleibung und die gemeinsame zuständliche Situation einbezogen ist. In diesem Sinn habe ich die Stimmung einer Stadt charakterisiert.[45] Das Ergebnis habe ich in den Satz gefasst:

> »Die Stimmung einer Stadt beruht auf Bewegungssuggestionen und synästhetischen Charakteren, die als leibnahe Brückenqualitäten bei den Anwesenden solidarische Einleibung bewirken, auf der sich Gefühle als Atmosphären mit bedeutsamen zuständlichen Situationen niederlassen und den Anwesenden mitteilen.«[46]

Die synästhetischen Charaktere betreffen etwa Geruch, Geräusche, Nebel, Luft, Regen, Dämmerung, während die Bewegungssuggestionen hauptsächlich an Bauformen (einschließlich Gartenbauformen) haften, gemäß dem Schlüssel, den ich für die Zuordnung fester Formen zu Typen leiblicher Regung durch Vermittlung wie Bewegungssuggestionen angegeben habe.

Die Stadt kann in weiterem Sinn eine Wohnung sein. Ich habe die Wohnung als Stätte des Zusammenwirkens zwischen leiblichem Raum, Ortsraum und Gefühlsraum mehrfach und eingehend charakterisiert. Wohnungen im hier gemeinten Sinn sind außer der häuslichen Wohnung auch die Kirche (als Innenraum) und der Garten. Wohnen ist Kultur der Gefühle im umfriedeten Raum. Weil Gefühle randlos ergossen sind, als Atmosphären, die den Anspruch auf totale Besetzung eines flä-

---

[45] Hermann Schmitz, Die Stimmung einer Stadt, in: Stimmung. Zur Wiederkehr einer ästhetischen Kategorie, hg. v. Anna-Katharina Gisbertz, München 2011, S. 63–74. Vgl. in diesem Buch S. 92–108.

[46] Ebd. S. 64.

chenlosen Raumes erlebter Anwesenheit stellen, müssen sie erst einmal durch Umfriedung eingefangen werden, um dann durch Züchtung oder Dämpfung in das gewünschte Klima des Gefühls gebracht zu werden. Die Züchtung und Dämpfung geschieht durch Regulierung der Bewegungssuggestionen und synästhetischen Charaktere; dazu gehört die Gestaltung der Decke, der Wände, des Fußbodens, die Möblierung, der Regelung des Lichteinfalls, der Temperatur und der Geräusche. In der Kirche und im Garten werden zusätzliche Instrumente entwickelt. Die so auf ein Gefühlsklima gestimmte Umgebung wirkt auf die Bewohner als Auslöser solidarischer Einleibung in eine gemeinsame Situation mit kollektiver Atmosphäre. Die Wohnung erzieht den Familiengeist. Aus aktuellen Situationen der Begegnung wachsen zuständliche. Die zuständliche Situation wächst aus aktuellen Situationen hervor, bei denen es sich um antagonistische Einleibung durch Begegnung handeln kann, wofür die Anlage der Wege typischer Erledigung in der Wohnung wichtig ist. Aber auch die Vertiefung in eine Aussicht durch das Fenster oder einen künstlerischen oder kunstgewerblichen Gegenstand, ja in das Feuer des Kamins, kann in der Wohnung aktuelle Situationen zu zuständlichen sich weiten lassen.

Nicht nur aus aktuellen Situationen erwachsen zuständliche mit kollektiven Atmosphären des Gefühls, sondern auch das Umgekehrte kann der Fall sein. In den Jahren vor dem ersten Weltkrieg scheint sich ein Gefühl der Erschöpfung, des Festgefahrenseins der spätbürgerlichen Gesellschaft, ausgebreitet zu haben, dem der Dichter Georg Heym in seinem Tagebuch folgenden Ausdruck gab: »Ach, es ist furchtbar. Schlimmer kann es auch 1820 nicht gewesen sein. Es ist immer das Gleiche, so langweilig, langweilig, langweilig. (…) Geschähe doch einmal etwas. Würden einmal wieder Barrikaden gebaut. Ich wäre der erste, der sich darauf stellte, ich wollte noch mit der Kugel im Herzen den Rausch der Begeisterung spüren. Oder sei es auch nur, dass man den Krieg begänne, er kann ungerecht sein. Dieser Frieden ist so faul, ölig und schmierig wie eine Leimpolitur auf alten Möbeln.«[47] Die Menschen standen nicht mehr zu ihren spätbürgerlichen Werten, sie vermissten auf schmierig gewordenem Boden den Halt und den Schwung eines einstimmigen Impulses, und wie eine Erlösung aus diesem Missbefinden erfuhren sie die Entladung der Spannung in dem »Wunder der inneren Einheit«[48], der weihevollen Erhebung der Völker beim Ausbruch des Krieges im August 1914, wovon Marianne Weber schrieb:

»Auf dem Marktplatz (...) sammeln sich (...) die Leute (...), um die Kunde zu empfangen. Worte der Weihe und Kraft erklingen nicht. Sie stehen still beieinander und gehen still davon. Dennoch ist es eine Stunde höchster Feierlichkeit – die Stunde der Entselbstung, der gemeinsamen Entrückung in das Ganze. Heiße Liebe zur Gemeinschaft durchbricht die Grenzen des Ichs. Sie werden eines Blutes, eines Leibes mit den anderen. Zur Bruderschaft vereint, bereit, ihr Leben dienend zu verlieren.«[49]

Nüchtern formuliert, besagt das Werden eines Leibes mit den anderen in der Bereitschaft, das eigene Leben zu verlieren, eine solidarische Einleibung über den Augenblick hinaus, auf dem Weg zu einer zuständlichen Situation. Eine kollektive Atmosphäre des Ungenügens in einer zuständlichen Situation stockender Lebendigkeit entlädt sich an einer wie ein Blitz einschlagenden aktuellen Situation zu einer entgegengesetzten kollektiven Atmosphäre großartigen Aufschwungs, die den Keim zu neuen zuständlichen Situationen mühsamer Erprobung der Bereitschaft in sich trägt.

---

47 Georg Heym, Dichtungen und Schriften, hg. v. K. L. Schneider, Band 3, Hamburg 1960, S. 138 f.

48 Thomas Raithel, Das »Wunder« der inneren Einheit. Studien zur deutschen und französischen Öffentlichkeit bei Beginn des Ersten Weltkrieges, Bonn 1996.

49 Marianne Weber: Max Weber. Ein Lebensbild, Tübingen 1926, S. 526.

Eintauchen in Atmosphären

Nietzsches Zarathustra besingt im Kapitel *Das Tanzlied* von *Also sprach Zarathustra* zum Tanz von Mädchen seinen Flirt mit dem Leben, das er als widerspenstige junge Dame mit munterem, boshaftem Charme beschreibt. »Als aber der Tanz zu Ende und die Mädchen fortgegangen waren, wurde er traurig. ›Die Sonne ist schon hinrunter, sagte er endlich; die Wiese ist feucht, und von den Wäldern her kommt Kühle. Ein Unbekanntes ist um mich und blickt nachdenklich. Was? Du lebst noch, Zarathustra? Warum? Wofür? Wodurch? Wohin? Wo? Wie? ist es nicht Torheit, noch zu leben? – Ach, meine Freunde, der Abend ist es, der aus mir fragt. Vergebt mir meine Traurigkeit! Abend ward es. Vergebt mir, dass es Abend ward.‹« Ein Unbekanntes um ihn her, die Atmosphäre des Abends, überfällt ihn mit Zweifeln am Sinn des Lebens und nimmt ihn so sehr ein, dass er die Schuld an diesem Abend auf sich nimmt. Nüchterner berichtet der Geograph Friedrich Ratzel von einer gleichen Erfahrung: »Von allen Zeiten des Tages war mir der Spätnachmittag immer am wenigsten Freund. Diese Stunden um fünf und sechs herum haben keinen rechten Charakter, sie verschwimmen zwischen dem hellen Nachmittag und dem grauen Abend, sie haben selbst etwas Hellgraues, Trübliches (…). Im Herbst ist es besonders schlecht mit dieser Zeit bestellt, da ist gar kein Platz für sie vor dem frühen Abend, sie führt nur noch ein Dämmerdasein, und leicht steckt sie uns mit dem Gefühl einer gewissen Zwecklosigkeit an.«[50] Mit »Gefühl der Zwecklosigkeit« meint Ratzel denselben von der Abendstimmung eingegebenen Sinnlosigkeitsverdacht wie Nietzsche. Die Brücke zwischen Abendstimmung

50 Friedrich Ratzel, Glücksinseln und Träume, Leipzig 1905, S. 174.

und Sinnlosigkeit ist ein Gefühl der haltlos machenden Leere, das Büchner in seiner Novelle *Lenz* an diesem Jugendfreund Goethes als Angst beschreibt:

> »Gegen Abend kam er auf die Höhe des Gebirgs (…) Es war gegen Abend ruhiger geworden; das Gewölk lag fest und unbeweglich am Himmel; soweit der Blick reichte, nichts als Gipfel, von denen sich breite Flächen hinabzogen, und alles so still, grau, dämmernd. Es wurde ihm entsetzlich einsam; er war allein, ganz allein. Er wollte mit sich sprechen, aber er konnte nicht, er wagte kaum zu atmen; das Biegen seines Fußes tönte wie Donner unter ihm, er mußte sich niedersetzen. Es faßte ihn eine namenlose Angst in diesem Nichts: er war im Leeren! Er riß sich auf und flog den Abhang hinunter.«[51]

Diese nicht leicht durchschaubare Verknüpfung von ergreifender Abendstimmung, Sinnlosigkeitsverdacht und Gefühl der Leere lässt sich enträtseln, wenn man einen Blick auf die von mir analysierte Dynamik des spürbaren (nicht sicht- und tastbaren) Leibes und die zugehörige leibliche Kommunikation wirft.[52]

Die wichtigste Dimension der leiblichen Dynamik ist die von Enge und Weite, worin Engung und Weitung als Spannung und Schwellung mit variablen Gewichten antagonistisch zum vitalen Antrieb verschränkt sind, aus dem sie aber auch als privative Engung oder privative Weitung abgespalten werden können; privative Engung verhält sich zu überwiegender Spannung wie Schreck zu Angst und Schmerz, privative Weitung zu überwiegender Schwellung wie Erleichterung und wohltätige Müdigkeit zu Wollust und Zorn. Zwischen Engung und Weitung vermittelt leibliche Richtung als eine Weitung, die unumkehrbar aus der

[51] Georg Büchner, Werke und Briefe, Wiesbaden 1958, S. 86.

[52] Hermann Schmitz, Der Leib, Berlin 2011, S. 15–27: Die Dynamik des Leibes, S. 29–53: Leibliche Kommunikation.

Enge in die Weite führt und Engung mitnehmen kann, z. B. als Blick und als Ausatmen. Der vitale Antrieb kann den einzelnen Leib übergreifen und als gemeinsamer Antrieb mit Begegnendem und Widerfahrendem verbinden; das Ergebnis ist Einleibung, die als antagonistische (mit Zuwendung von wenigstens einer Seite) und als solidarische (ohne solche Zuwendung) vorkommt. Antagonistische Einleibung ist entweder einseitig, mit dominanter Fixierung des Engepols, an den der / die Partner gefesselt ist (sind), oder wechselseitig mit Fluktuieren der Dominanz – wie beim Blickwechsel im Gespräch. Partner antagonistischer Einleibung kann auch Leibloses sein kraft leibnaher Brückenqualitäten, die sowohl am eigenen Leib gespürt als auch an Gegenständen wahrgenommen werden können. Solche Brückenqualitäten sind Bewegungssuggestionen oder synästhetische Charaktere. Bewegungssuggestionen sind Vorzeichnungen von Bewegung an ruhenden oder bewegten Gestalten oder an Bewegungen, immer über das Ausmaß der eventuell ausgeführten Bewegung hinaus; sie verleihen allen Gebärden den Gebärdesinn. Rhythmus ist die Bewegungssuggestion einer Sukzession nur als solcher; daher werden Gedichte, die »unter die Haut« gehen sollen, eher in Versen (gar mit Reimen) als in der minder rhythmischen Prosa verfasst. Synästhetische Charaktere sind intermodale Eigenschaften von Sinnesqualitäten, die oft, aber nicht immer deren Namen tragen und auch ganz ohne solche Qualitäten vorkommen können, wie hell, dunkel, hart, weich, spitz, scharf, stumpf, dumpf, dicht, locker. Außer als Einleibung im Kanal des vitalen Antriebs kommt leibliche Kommunikation auch als Ausleibung im Kanal der privativen Weitung vor, wobei dem Leib seine Enge an formlose Weite und damit dem Bewussthaber Kontrolle und Distanzfähigkeit verlorengeht, sei es, indem der Blick sich in die Tiefe des Raumes verliert, oder beim Aufgehen in Glanz, Duft, Wärme; entweder zerläuft die Ausleibung oder sie hält sich an absolute, von den Umständen gelöste Eindrücke reiner Arten.

Die Dämmerungsangst – eindringlich beschworen auch von

Conrad Ferdinand Meyer in seinem Gedicht *Schwüle* – beruht auf einer Verschiebung der synästhetischen Charaktere der wahrgenommenen Umgebung.[53] Zwischen den Plus- und Minusqualitäten gibt es eine wenig an diesen Qualitäten, erst recht nicht an den physikalischen Gegenstücken, aber bei den synästhetischen Charakteren deutlich hervortretende neutrale Zone, die sich leicht im thermischen Bereich nachweisen lässt. Das Warme wie das Kalte aktivieren den vitalen Antrieb mit einer engenden Zudringlichkeit, die spannen und schwellen kann; sie laden zur Auseinandersetzung ein. Dazwischen gibt es die neutrale Zone des Kühlen, das nicht frieren, sondern frösteln lässt, mit der Gebärde des engenden Rückzugs von einer fremd werdenden, unbestimmt in Weite entrückten Umgebung. Dieses Kühle ist ein synästhetischer, ebenso am eigenen Leib wie an Begegnendem spürbarer Charakter; es kommt ebenso als kühle Temperatur wie als kühle Farbe, kühler Blick, kühle, wie mit einem eisigen Hauch der Distanzierung treffende Erscheinungs- und Verhaltensweise eines Menschen vor. Optisch entspricht dem Kühlen das Bleiche, Fahle, akustisch das Leise – Stalin soll mit unheimlich leiser Stimme gesprochen haben –, kinetisch das Langsame, Ruhige, auch als ruhig Bewegtes. Durch die Besiedlung mit solchen synästhetischen Charakteren privativer Weitung des Leibes wird das Umgebende entrückt; die unumkehrbar aus der Enge in die Weite hervorgehenden leiblichen Richtungen können bei ihren Blickzielen, obwohl diese sich unverändert der Wahrnehmung darbieten, nicht mehr landen, als seien diese Ziele wie hinter Glas entrückt, und so entsteht die für Angst charakteristische Lage des gehinderten Impulses »Weg!«, einer expansiven Tendenz, die nirgendwo mehr ankommt. Die durch die Entrückung entstandene formlose Weite mutet mit dem Ge-

[53] Vgl. Hermann Schmitz, System der Philosophie Band III Teil 1: Der leibliche Raum, zuerst Bonn 1967, in Studienausgabe 2005, S. 154–159: Die synästhetischen Charaktere der Dämmerung.

fühl der Leere an, das ich ausführlich beschrieben habe.[54] Der Mensch inmitten dieser leeren Weite ist wie entwurzelt, als habe er im übertragenen Sinn den Boden verloren, ohne Verhältnis zu einer ihn tragenden und haltenden Umgebung, und fragt sich vergebens, was er noch soll. Dadurch entsteht ein Zweifel am Sinn des Lebens, der nicht durch Reflexion, sondern durch eine Entfremdung der synästhetischen Charaktere ausgelöst ist. Unvermittelt taucht der von dieser Entfremdung heimgesuchte Mensch in eine Atmosphäre ein, die seiner Herr wird. Wenn er aber durch friedliche Selbstsicherheit dagegen immunisiert ist, kann die Kühle der Dämmerung ihn auch sanft beruhigen.[55]

Eine *Atmosphäre*, ganz allgemein gesprochen, ist eine totale oder partielle, jedenfalls aber beträchtlich ausgedehnte Besetzung eines flächenlosen Raumes im Bereich dessen, was als anwesend erlebt wird. Von »Besetzung« statt von »Erfüllung« spreche ich, um auch den gerade eben erörterten Fall der Besetzung mit Leere einbeziehen zu können. Wir sind durch Geometrie und Naturwissenschaft gewöhnt, alle Räume für flächenhaltig zu halten. Es gibt aber auch flächenlose Räume, z.B. den Raum des Schalls, nicht nur bezüglich der Richtung, woher er kommt, sondern auch als erfüllt von Bewegungssuggestionen wie stechender Lärm, Hall und Echo, Steigen und Sinken, Drängen und Kreisen der Töne, das, was von diesen auf tanzende und marschierende Leiber überspringt. Nah verwandt ist der flächenlose Raum der Stille, die weite, dichte, feierliche Stille einer Landschaft oder eines weihevollen Ereignisses, die dichte, drückende, engende Stille eines schwülen Mittags oder einer schwülen Stimmung, die lockere, zarte Stille eines unberührten Morgens. Hierhin gehört ferner der Raum des entgegenschlagenden Windes mit Bewegung ohne Ortswechsel (weil ohne Ort), der

---

[54] Hermann Schmitz, System der Philosophie Band III Teil 2: Der Gefühlsraum, zuerst Bonn 1969, in Studienausgabe 2005, S. 219–244: Das leere Gefühl (Verzweiflung).

[55] Vgl. Goethe, Chinesisch-deutsche Jahres- und Tageszeiten, VIII.

Raum des Wetters, des unauffälligen Rückfeldes, der frei sich entfaltenden Gebärde, des Wassers für den Schwimmer, der sich ohne optische Vergegenwärtigung gegen ein dynamisches, nicht dreidimensionales Volumen vorwärts kämpft oder in Rückenlage ruhig tragen lässt. Alle Atmosphären, die als solche empfunden werden, nehmen flächenlose Räume ein. Einige von ihnen sind im Raum erlebter Anwesenheit beschränkt. Dabei handelt es sich um die bloß leiblichen Atmosphären, die ganzheitlichen, nicht auf einzelne Leibesinseln – in dem von mir für die Ausdehnung des spürbaren Leibes[56] eingeführten Sinn – verteilten leiblichen Regungen, wie z. B. das Behagen in der Badewanne, das zwar nicht über deren Bereich ausstrahlt, aber auch nicht durch präzise Ränder begrenzt ist, ferner die Lebensgefühle nach Scheler, wie Frische und Mattigkeit oder die Aufgelegtheit am Morgen, wenn man mehr oder weniger in Gang kommt. Andere Atmosphären stellen einen totalen Anspruch, den Raum erlebter Anwesenheit ganz zu erfüllen, wie die Atmosphäre des leeren Gefühls in der Dämmerungsangst. Die Totalität dieses Anspruchs wird besonders deutlich, wenn konträre Atmosphären solcher Art zusammenprallen. Tiefe Traurigkeit ist eine Atmosphäre, die den von ihr ergriffenen Menschen dazu anhält, sich in sie zu vertiefen und die Ablenkung durch Tändelei abzuweisen, und den Hinzukommenden, darauf Rücksicht zu nehmen. Wenn ein Fröhlicher unvorbereitet auf tief traurige Menschen trifft, wird er bei einiger Feinfühligkeit den Ausdruck seiner Fröhlichkeit etwas dämpfen, vielleicht sogar scheu zurücktreten. Wenn er dagegen bloß auf Matte trifft, die ähnlich wie die Traurigen den Kopf hängen lassen, und etwas von ihnen will, wird er eher geneigt sein, sie durch Zuruf oder Zugriff aufzumuntern und, wenn das nichts hilft, ihnen eine Stärkung zu reichen oder den Arzt zu rufen usw. Das liegt daran, dass die bloß leibliche Atmosphäre keinen so totalen Anspruch stellt wie die Atmosphäre des Gefühls, die in dem Fall mit ihrer stär-

[56] Wie Anmerkung 52, S. 7–13.

keren Autorität den ebenso totalen Anspruch der konträren Fröhlichkeit niederschlägt.

Gefühle, die man seit dem Ende des 5. vorchristlichen Jahrhunderts in Griechenland, mit prägender Wirkung auf die ganze anschließende europäische Kultur, als private Seelenzustände missverstanden hat, sind Atmosphären, die entweder bloß – manchmal durch Vorgefühle – wahrgenommen werden oder zu eigenen Gefühlen des Betroffenen werden, indem sie ihn leiblich spürbar ergreifen und zur personalen Auseinandersetzung in Preisgabe oder Widerstand herausfordern, sobald er dazu fähig ist.[57] Sie unterscheiden sich von den bloß leiblichen Atmosphären durch eine Autorität, mit der sie die totale Besetzung des flächenlosen Raumes ihrer erlebten Anwesenheit mindestens beanspruchen, oft auch durchsetzen, aber immer nur in der Perspektive des Ergriffenen. Diese totale Besetzung kommt aber auch Atmosphären zu, die keine solche Autorität besitzen. Beispiele liefern das Wetter und die Stille. Beide können Gefühle sein. Das Gefühl der Leere in der Dämmerungsangst ist zugleich ein Gefühl mit totalem Besetzungsanspruch für den Ergriffenen als auch eine Gestalt des Wetters in seinen verschiedenen Dimensionen, besonders der thermischen und der optischen. Ebenso kann Stille ein mächtiges Gefühl sein, z. B. als feierliche Stille. Es gibt aber auch erlebte Stille und erlebtes Wetter, die keineswegs ergreifende Gefühle sind, obwohl sie einen flächenlosen Raum erlebter Anwesenheit total besetzen. Über schlechtes Wetter, das diesen Bereich total ausfüllt, kann man sich ärgern, ohne davon im Geringsten ergriffen zu werden. Worin besteht der Unterschied total ergossener Atmosphären von dieser und

---

[57] Ich habe diese These seit 1969 (siehe Anmerkung 54) vielfach vertreten; aus naher Vergangenheit erwähne ich: Gefühle als Atmosphären, in: Atmosphären im Alltag, hg. v. Stephan Debus und Roland Posner, Bonn 2007, S. 260–280; Entseelung der Gefühle, in: Gefühle als Atmosphären, hg. v. Kerstin Andermann und Undine Eberleins (Deutsche Zeitschrift für Philosophie, Sonderband 29), Berlin 2011, S. 21–33 (auch in: Hermann Schmitz, Jenseits des Naturalismus, Freiburg i. Br. 2010, S. 145–163).

jener Art? Ich finde ihn in der Weise des affektiven Betroffenseins. Atmosphären wie ein Wetter, das zum Gegenstand eines Gefühls (z. B. des Ärgers) wird, ohne selbst als Gefühl zu ergreifen, kann man ebenso wie fast alle bloß leiblichen Regungen von vornherein mit einer persönlichen Stellungnahme, etwa wohlgefällig oder ablehnend oder bloß beobachtend, an sich herankommen lassen. Wer dagegen ein Gefühl gleich an der Schwelle eines Eintritts in das leiblich-affektive Betroffensein mit einer fertigen Stellungnahme begrüßt, wird entweder bloß von einem flüchtigen Anflug gestreift oder fühlt nicht echt, sondern tut nur so. Wer echt ergriffen ist, muss den heftig oder auch schleichend, mitunter fast unmerklich, über ihn kommenden Impuls des Gefühls erst einmal zu seinem eigenen machen, also sich mitreißen lassen, ehe er Gelegenheit zur Stellungnahme erhält. Besonders deutlich ist das am Zorn, wenn man ihn mit der reißenden Schwere vergleicht, die den Stürzenden oder auch nur Ausgleitenden überfällt. In beiden Fällen unterliegt der Leib einem in ihm drängenden Impuls ohne Autor, aber während der Betroffene sich dem Impuls der abwärts reißenden Schwere von Anfang an widersetzt, kann er gar nicht zürnen als so, dass er anfangs den Impuls des in ihm aufsteigenden Zorns zu seinem eigenen macht und erst danach Gelegenheit erhält, sich gegen seinen Zorn zu wehren oder sich in ihn noch mehr hineinzusteigern.

Diese anfängliche Verzögerung der eigenen Initiative bei der Ergriffenheit von Gefühlen hat ihren Grund in der Unspaltbarkeit eines Verhältnisses. Ich beziehe mich hier auf das Verhältnis zwischen Verhältnissen und Beziehungen. Beziehungen sind gerichtet, nämlich von etwas, das sich bezieht, auf etwas, worauf es sich bezieht. Verhältnisse sind ungerichtet und gewöhnlich in Beziehungen spaltbar. Zwei Dinge liegen neben einander. Das ist ein Verhältnis der räumlichen Lage; um es in Beziehungen zu spalten, muss ich mich hinzudenken und kann dann sagen, dass das eine Ding rechts, das andere links vom anderen liegt. Einfacher lässt sich das Verhältnis der zweiten Potenz in die Beziehung des Quadrats zur Wurzel und die Beziehung der Wurzel zum Quadrat spalten. Ein Stammbaum kann in eine große Anzahl von Verwandtschaftsbeziehungen, auch mehr als zweistellige, aufgespalten werden. Es gibt aber auch unspaltbare Verhältnisse. Schon ein Akkord kann höchstens in Intervalle, das sind wieder Verhältnisse, gespalten werden; Beziehungen zwischen Tönen gibt es nur in der Sukzession. Das gemeinsame Sägen mit der zweigriffigen Baumsäge, das Christian und Haas vorbildlich untersucht haben[58], lässt sich von keinem der Teilnehmer in die Beziehung seines Tuns zu dem des anderen zerlegen, so dass es schwer ist, absichtlich zu stören; sogar wenn der eine aufhört, merkt es der andere zunächst nur als »unvermitteltes Schwergehen«, und ein Schwanken in der Stärke der Beteiligung wird unbemerkt vom Partner ausgeglichen. Bis zur Ekstase, zum Aufgehen im anderen, zur scheinbaren Identifizierung mit ihm kann sich die Unspaltbarkeit eines Verhältnisses in leiblicher Kommunikation steigern, in antagonistischer und solidarischer Einleibung z. B. im hingerissenen Singen eines Chors unter der Stabführung eines charismatischen Dirigenten, in der Liebesekstase eines Paares, die Goethe mit den Worten »Eins ist nur im andern sich bewusst«[59] schildert, in der als »flow« bezeichneten berauschten Hingabe des Motorradfahrers an den Schwung seiner Maschine.[60] Mindestens ebenso reichliche Beispiele unspaltbarer Verhältnisse bietet die Ausleibung in sinnlicher und mystischer Ekstase. Sinnliche Ekstase kommt in der von Conrad-Martius erwähnten »sinnlichen Ichhaltung« durch »vollständige Gelöstheit, Inaktivität und Entspanntheit« zu Stande, wenn nur noch »der Wind, der mich umspielt, die Wärme, die mich einhüllt, der Duft, der in mich eingeht«, gespürt wird[61]; Nietzsche beschreibt ein solches Auslaufen und verschmelzendes Untertauchen als Identifizierung:

---

[58] Paul Christian, Renate Haas: Wesen und Formen der Bipersonalität, Stuttgart 1949.

[59] Die Braut von Korinth (Ballade).

[60] Hansjörg Znoj, Die Psychologie des Motorrads, Bern 2011, S. 46, 68–78.

[61] Hedwig Conrad-Martius, Zur Ontologie und Erscheinungslehre der rea-

Hier saß ich, wartend, wartend, – doch auf Nichts,
Jenseits von Gut und Böse, bald des Lichts
Genießend, bald des Schattens, ganz nur Spiel,
Ganz See, ganz Mittag, ganz Zeit ohne Ziel.[62]

Für die mystische Ekstase bis zur *unio mystica* ist das Bild vom Untertauchen im Meer der Gottheit reichlich bezeugt; wie sie aus der Ausleibung hervorgeht, wird exemplarisch am Initiationserlebnis des mittelalterlichen Mystikers Heinrich Seuse, seiner Entrückung in das Himmelreich in einer Kapelle am St. Agnes-Tag, deutlich: »Wünschen war ihm entfallen, Begehren entschwunden; er starrte nur in den hellen Abglanz, in dem er sich selbst und alles um sich vergaß.«[63] Auf dieselbe Weise kommt bei jedem Fühlen im Sinne der Ergriffenheit von einer Atmosphäre des Gefühls die anfängliche Indienstnahme des Ergriffenen durch den Impuls des Gefühls zu Stande: Dieses zieht ihn in unspaltbarem Verhältnis mit sich, und erst nach dieser Anfangsphase kann er das Verhältnis spalten und zu der ergreifenden Macht eine Beziehung aufnehmen, die ihm Gelegenheit gibt, eine eigene Stellung zu dieser, in der gerichteten Beziehung auf sie, einzunehmen. So verhält es sich bei jedem Untertauchen in einer Atmosphäre, die ein Gefühl oder eine Situation mit dominantem Gefühl in ihr ist.

Gefühle sind Halbdinge. Halbdinge wie die Stimme, der Wind, die reißende Schwere, wenn man ausgleitet und stürzt oder sich gerade noch fängt, der wiederkehrende Schmerz, eine Melodie oder ein Problem, die einem nicht aus dem Kopf gehen

len Außenwelt, in: Jahrbuch für Philosophie und phänomenologische Forschung, hg. v. E. Husserl, Band III, 1916, S. 404.

[62] Sils Maria, in: Die fröhliche Wissenschaft. Lieder des Prinzen Vogelfrei (Sämtliche Werke, Kritische Studienausgabe von Colli und Montinari, Band III S. 649).

[63] Heinrich Seuse, Deutsche mystische Schriften, aus dem Mittelhochdeutschen übersetzt von Georg Hofmann, Düsseldorf 1960, S. 20f. (Das Leben des seligen Heinrich Seuse, 2. Kapitel)

wollen, der eigenartig stechende oder unstete Blick eines Menschen, schneidende Kälte, schwüle Hitze, tiefes Dunkel der Nacht oder die Zeit, wenn sie in Langeweile oder gespannter Erwartung nicht vergehen will, unterscheiden sich von Volldingen, den Dingen im gewöhnlichen Sinn, erstens der Dauer und Ausdehnung nach: Dinge dauern höchstens stetig in der Zeit und bewegen sich stetig im Raum; Halbdinge können ihre Dauer unterbrechen und unstetig die Stelle im Raum wechseln; zweitens der Kausalität nach: Dinge sind als Ursachen von ihrer Einwirkung, durch die sie den Effekt bewirken, unterscheidbar, während bei Halbdingen Ursache und Einwirkung in unmittelbarer Kausalität zusammenfallen, ohne dass man mit Hume nach einem Band zwischen Ursache und Wirkung fragen könnte. Ebenso können Gefühle geweckt werden, z. B. von individuellen oder kollektiven Erlebnissen, Einstellungen und Schicksalen, wieder verschwinden und zu anderer Zeit am selben Ort oder anderswo wieder wach werden, wie eine Stimme, die zwischendurch verstummt. Gefühle können zwar als Atmosphären zuerst nur wahrgenommen werden und dann auch noch ergreifend auf den Wahrnehmenden übergehen, aber auch dann ist es nicht so, dass die Atmosphäre durch ein dazwischen geschobenes Ergreifen die Ergriffenheit bewirkte, wie der Stein durch den Stoß die Zertrümmerung oder Verrückung des getroffenen Gegenstandes oder das Pharmakon durch die Einspritzung; vielmehr geht das Gefühl dann selbst, ohne als Mittelglied zusätzliche Aktion, in das leiblich-affektive Betroffensein über, und gewöhnlich ergreift es den Leib ohne vorbereitendes Wahrnehmen mit einer Gebärdensicherheit, die man bei kompliziertem Ausdrucksgeschehen nur schwer willkürlich nachahmen kann, während sie dem Ergriffenen ohne Weiteres gelingt.

Auf gleiche Weise, wie durch spontan ergreifende Gefühle, können durch künstliches Arrangieren Situationen bereitgestellt werden, die so mächtige Köder einseitiger Einleibung, darunter Gefühle, enthalten, dass eine Atmosphäre entsteht, die das ganze affektive Betroffensein des Angesprochenen so in

Anspruch nimmt, dass er in ihr untertaucht wie in den zuvor besprochenen Beispielen ekstatischer leiblicher Kommunikation. Aristoteles wehrt sich gegen Platons Ablehnung der Dichter, die die Affekte, die besser ausgetrocknet werden sollten, vielmehr aufputschen[64], mit seiner berühmten Definition der Tragödie, die Schauder und Jammer[65] auf die Höhe treibe, damit sie gerade durch diese Klimax ausgeschieden werden können. Ähnlich engagiert das klassische japanische Theater durch grelle Effekte die Zuschauer bis zur Ekstase.[66] Eine ungeahnte und fast paradoxe Steigerung solcher Verführungskünste bringt der moderne Film zu Stande. Matthias Bauer zitiert den ungarischen Filmtheoretiker Béla Balács, der diese Raffinesse des Films am Beispiel von Romeo und Julia beschreibt: »Ich blicke aus den Augen Romeos zum Balkon hinauf und aus den Augen Julias auf Romeo hinunter. Mein Blick und mit ihnen mein Bewusstsein identifiziert sich mit den Personen des Films. Ich sehe das, was sie von ihrem Standpunkt aus sehen. Ich selber habe keinen. Ich gehe in die Menge mit ein, ich fliege, ich tauche, ich reite mit. Und wenn einer dem anderen im Film in die Augen sieht, so blickt er von der Leinwand mir in die Augen. Denn die Kamera hat meine Augen und identifiziert sie mit den Augen der handelnden Personen.«[67] Die Raffinesse der Kameraführung arrangiert hier dasselbe Aufgehen in der Fesselung durch einseitige Einleibung oder in der Hingabe durch Ausleibung, das ich vorhin als Bindung an ein unspaltbares Verhältnis ohne die Chance der Aufnahme einer Beziehung durch Spaltung des Verhältnisses beschrieben habe. Patrick Rupert-Kruse führt als Kunststück zusätzlicher Verbergung der Quelle, von der die Suggestion ausgeht, die gefilmte Bewegung eines Autos an, das man gar nicht oder nur mit einem winzigen Ausschnitt sieht;

---

64 Politeia 606 d.

65 So die gute Übersetzung durch Schadewaldt.

66 Carl Hagemann, Spiele der Völker, Berlin 1919, S. 199.

67 Mathias Bauer, Immersion und Projektion, in: Jahrbuch immersiver Medien 2011, 20–36, hier S. 26.

diese »Bewegung entlang der Tiefenachse des filmischen Bildes suggeriert dem Rezipienten das Gefühl, in den filmischen Raum einzudringen. (...) Durch die Übernahme der quasi-subjektiven Perspektive einer anthropomorphisierten Kamera des Zuschauers koppelt dieser seinen Leib um deren Blick und leiht ihr somit seinen Körper.[68] Die Kamera führt den Leib des Zuschauers am Gängelband seines Blickes in unspaltbarem Verhältnis zum Untertauchen einseitiger Einleibung in ein Objekt, das selbst nicht einmal erscheint, das fahrende und Licht vorausschickende Auto. Das Wirkende des suggestiven Effekts ist aus einem gewöhnlichen Ding, einem fahrenden Auto, zu einem Halbding geworden, das in unmittelbarer Kausalität seiner Bewegungssuggestion mit seinem Effekt, der Fesselung des Zuschauers, zusammenfällt.

[68] Patrick Rupert-Kruse, Im Sog des Blicks. Die Erste-Person-Perspektive als immersive Strategie des Films, ebd. S. 37–49, hier S. 46. Der Genetiv »des Zuschauers« soll sich wohl auf »Perspektive« beziehen.

Intensität, Atmosphären und Musik

In der Größenlehre unterscheidet man zwischen extensiven und intensiven Größen. Eine Größe ist extensiv, wenn sie sich durch Schnitte in Teile zerlegen und aus diesen ohne Verlust wieder zusammensetzen lässt. Das ist der Fall bei schneidbaren räumlichen Größen, Strecken, Flächen, Körpern. Der Schnitt besteht bei Strecken in Punkten, bei Flächen in Strecken, bei Körpern in Flächen. Intensiv ist eine Größe, die sich nicht so zerlegen lässt. Ein Beispiel ist die Wärme. Sie kann größer und geringer sein, aber nicht durch Zusammensetzung von Teilen geringerer Größe. In einer großen Hitze lassen sich keine Teile milder Wärme unterscheiden; sie erlaubt auch keine Zerlegung durch Schnitte. Dennoch möchte man die Größe der Wärme nach Graden staffeln. Zu diesem Zweck muss man sie in eine extensive Größe übersetzen, deren Teile bei Zusammensetzung das Ganze ausmessen. Das geschieht versuchsweise, indem man die Wärme auf eine Strecke abbildet, nämlich auf die Bahn der im Thermometer auf- und absteigenden Quecksilbersäule. Dabei muss man unterstellen, dass den gleichen Abständen der Markierungsstriche für Zerlegung der Strecke gleiche Abstände der intensiven Wärmegröße entsprechen. Das ist offensichtlich nicht der Fall. Beim Ansteigen der Wärme gibt es ruckartige Übergänge vom Kalten über das Kühle, Warme und Wärmere zum Heißen; diese Sprünge haben keine Entsprechung im Thermometer. Trotz des Misslingens begnügt man sich mit der unzulänglichen Extensivierung, um überhaupt eine Gelegenheit zur Messung zu haben.

Eine alte Rätselfrage, die schon in der mittelalterlichen Scholastik anhaltend erörtert wurde, dreht sich darum, worin die intensiven Größenunterschiede bestehen, da sie doch nicht durch Zusatz von Teilen zu Teilen zu Stande kommen. Ich habe diese

Frage durch die Unterscheidung zwischen Verhältnissen und Beziehungen beantwortet. Beziehungen sind gerichtet, nämlich von etwas, das sich bezieht, auf etwas, worauf es sich bezieht, eventuell durch Zwischenglieder. Verhältnisse sind ungerichtet. Ein Beispiel: Zwei Dinge liegen neben einander. Das ist ein ungerichtetes Verhältnis. Um daraus Beziehungen zu gewinnen, muss ich es spalten, indem ich mich hinzunehme und dann sage, dass das erste Ding rechts, das zweite links vom anderen liegt. Alle Beziehungen beruhen auf Verhältnissen. Das ergibt sich aus ihrer trivialen Umkehrbarkeit. Der Beziehung des Vaters zum Sohn entspricht die umgekehrte Beziehung des Sohnes zum Vater. Entsprechend bei beliebigen anderen Beziehungen. Diese Umkehrbarkeit gehört nicht zur Gerichtetheit als solcher. Es gibt auch unumkehrbare Richtungen, wie die Richtung des Blickes in die Tiefe des Raumes oder die Richtung von Vorgängen oder Abläufen. Inhaltlich können wir einen Prozess zwar umkehren, aber er kehrt nie zu seinem Ausgangspunkt zurück, wie die Beziehung des Vaters zum Sohn bei Umkehrung zum Vater zurückkehrt, sondern setzt den Zeitverlauf geradlinig fort. Mit dieser Unumkehrbarkeit folgen die Prozesse dem Fluss der Zeit, in dem sich die zeitliche Gegenwart beständig verschiebt. Im Gegensatz dazu beruht die Umkehrbarkeit der Beziehungen darauf, dass sie an den ungerichteten Verhältnissen eine feste, beharrende Grundlage haben.

Verhältnisse sind gewöhnlich in Beziehungen spaltbar. Es gibt aber auch unspaltbare Verhältnisse. Ein ganz banales Beispiel ist das gemeinsame Sägen mit der zweigriffigen Baumsäge, das Christian und Haas als Beispiel für Bipersonalität durchleuchtet haben.[69] Es handelt sich um ein gemeinsames Tun in fein auf das Material abgestimmtem Wechsel von Ziehen und Zulassen, wobei keiner seinen Beitrag »herausrechnen« und auf den des anderen beziehen kann. Immerhin kann jeder beim

[69] Paul Christian, Renate Haas: Wesen und Formen der Bipersonalität, Stuttgart 1949, vgl. Hermann Schmitz. Bewusstsein, Freiburg 2010, S. 59.

Sägen mit seinen Gedanken abschweifen, also Beziehungen nach außen, jenseits seines Engagements, aufnehmen. Das wird anders in Ekstasen, wenn man ganz in etwas aufgeht oder von etwas hingerissen ist, sei es in spannungsvoller Faszination oder in ruhig entspannter Hingabe. Ich begnüge mich hier mit einigen Versen, in denen Nietzsche seinen Genuss bei mittäglichem Verweilen am Silser See im Oberengadin beschreibt:

> Hier saß ich wartend, wartend, – doch auf Nichts,
> Jenseits von Gut und Böse, bald des Lichts
> Genießend, bald des Schattens, ganz nur Spiel,
> Ganz See, ganz Mittag, ganz Zeit ohne Ziel.[70]

Das klingt so, als sei er mit dem See identisch geworden, aber dann müsste der Silser See auch zu Nietzsche geworden sein, was nicht der Fall ist. Vielmehr ist er in ein absolut unspaltbares Verhältnis mit See, Mittag und Zeit eingetreten. Er ist noch da, noch er selbst in absoluter Identität, aber er hat seine Einzelheit abgestreift. Einzeln ist, was eine Anzahl um 1 vermehrt. Nietzsche in seiner entspannten Hingegebenheit ist nicht mehr ein Zweites neben dem See, und in diesem Sinn ist er in diesem aufgegangen, ohne mit ihm identisch zu werden. Beziehungen brauchen einzelne Beziehungsgebende, weil sie auf eine bestimmte Stellen- und Teilnehmerzahl angewiesen sind; absolut unspaltbare Verhältnisse kommen ohne Einzelheit der Teilnehmer aus, weil sie ungerichtet sind.

Aber was hat das mit diesen Unterschieden intensiver Größe zu tun? Die intensive Größe hat Teile wie die extensive und wächst mit deren freilich nicht numerischer, d. h. nicht aus einzelnen Inhalten bestehender Mannigfaltigkeit, aber sie kann nicht in diese Teile zerlegt werden, weil diese zu einander in

---

[70] Friedrich Nietzsche, Die Lieder des Prinzen Vogelfrei, in: Die fröhliche Wissenschaft, Sämtliche Werke, Kritische Studienausgabe von Colli und Montinari, Band III, S. 649.

absolut unspaltbarem Verhältnis stehen. Wie trotzdem ein Größenvergleich möglich ist, will ich hier nicht vollständig ausführen. Bei zwei gleichartigen Größen beruht er auf der Möglichkeit einer Mischung, wobei die kleinere Größe von der größeren aufgenommen oder absorbiert wird, z. B. ein leiseres Geräusch von einem lauteren, wobei dieses an Intensität zunimmt.

Die Wärme habe ich nur als nahe liegendes Beispiel einer intensiven Größe herangezogen; mir geht es vielmehr um die Dauer. In *Phänomenologie der Zeit* (2014) habe ich ausgeführt, dass die Dauer wie die Wärme eigentlich intensiv ist und nur vom Menschen wegen seines dringenden Bedarfs nach Zeitmessung und Zeiteinteilung durch Abbildung in den Raum extensiviert wird. Was der Wärme das Thermometer, ist der Dauer die Uhr, sowohl die natürliche am Himmel als auch die künstliche. Für die Dauer des subjektiven Befindens, z. B. Dauer als quälende Langeweile oder in glücklicher Stunde bruchlos verweilende Gegenwart, leuchtet ihre intensive Natur sicherlich gleich ein; mir geht es hier aber um die akustische Dauer, besonders die musikalische der Töne und Klänge. Auch diese Dauer ist eine intensive Größe. Man kann die Dauer eines Tones nicht in Teile zerlegen und aus diesen unversehrt wieder zusammensetzen. Ein lang gezogener gregorianischer Choral läßt sich nicht als Lachsalve mit einer Folge kürzerer Töne wie Ha Ha Ha Ha Ha darstellen. Wohl kann man die Dauer von Tönen messen. Darauf beruht die metrische Gliederung der Musik. Es gibt ganze, halbe, Viertel-, Achtel- usw. Töne. Entweder bestimmt man dieses Maß mit der Uhr. Das bleibt hier außer Acht, weil hinter die Verräumlichung der Dauer zurückgegangen werden soll. Oder man vergleicht einen langen Ton mit einer Folge von z. B. zwei kürzeren Tönen, die man für gleich lang hält. Wenn beide Dauern zusammen, d. h. zur selben Zeit, im selben Zeitpunkt, anfangen und enden, glaubt man den ganzen Ton mit zwei Halbtönen ausgemessen zu haben. Auch auf diese Weise hat man die Dauer verräumlicht. Das liegt am Begriff des Zeitpunktes. Einen Punkt kann es nur an einer Strecke geben, also nur an einer Dauer, die durch Vergleich mit der Bahn einer Bewegung als quasi-räumliche Zeitstrecke aufgefasst wird.

Zu den Merkmalen aller Vorgänge, die sich in einer Dauer abspielen, gehört, dass sie schneller und langsamer sein können. Auch dieser Unterschied ist intensiv. Zwar kann man versuchen, die Schnelligkeit einer Bewegung als Verhältnis zweier Strecken, einer räumlichen Bahn und einer Zeitstrecke, darzustellen; so definiert Aristoteles, eine Sache sei schneller, wenn sie dasselbe Ziel über demselben Abstand hin (auf gleicher oder paralleler Bahn) mit gleichförmiger Bewegung in kürzerer Zeit erreicht.[71] Diese Definition ist nicht nur zu speziell, sondern krankt auch an einem Zirkel. Gleichförmig ist eine Bewegung nämlich genau dann, wenn sie nicht schneller oder langsamer wird. Um zirkelfrei zu verstehen, was Schnelligkeit ist, muss man sie als intensive Größe auffassen und dafür das andere Gesicht der Zeit neben der sich dehnenden Dauer in den Blick nehmen, die Vergänglichkeit, die darin besteht, dass der Andrang des Neuen in Gegenwart diese aus der Dauer abreißt und exponiert, indem er Dauer zerreißt und die zerrissene Dauer ins Vorbeisein verabschiedet. Schneller ist ein Vorgang, der diesem Zerreißen näher steht, also flüchtiger ist, indem er vom Druck des Neuen zusammengepresst und dem Vorbeisein zugeführt wird, während der langsamere Vorgang sich gleichsam mehr Zeit nimmt, sich besser ohne Druck in die Weite der Dauer entfalten kann. Damit hängt der synästhetische Massencharakter des Schnellen und Langsamen zusammen, der sich besonders deutlich an den Klängen abzeichnet: Der tiefe, dumpfe Klang ist ausladend weit, locker, schwer, schwerfällig, weich und eben langsam im Gegensatz zum hellen und hohen Klang, der beweglich, spitz, kompakt, dabei aber dünner und zarter und im Wesen schneller ist.[72] Diese Kombinationen beruhen auf dem Zusammenhang zwi-

[71] Aristoteles, Physik, 22b33–223a2.

[72] Vgl. Hermann Schmitz, System der Philosophie, Band III, Teil 5, Bonn 1978, in Studienausgabe 2005, S. 51 f.

schen Schall und leiblicher Dynamik in leiblicher Kommunikation; ich komme darauf zurück. Der Unterschied des Schnellen und Langsamen ist vor der Projektion in den Raum ein Unterschied der Dichte, wie zwischen gedrängt und locker, ein dynamischer Unterschied, der sich nicht extensiv durch Anreihung von Teilen quantifizieren lässt.

Mit dem Raum bin ich bisher sehr ungerecht umgegangen, indem ich ihn nur als das Reservat für die Umdeutung intensiver Größen in extensive herangezogen habe. Das betrifft nur die oberste Schicht der Räumlichkeit, den von mir so genannten Ortsraum aus Orten, die sich durch Lagen und Abstände gegenseitig bestimmen, d.h. identifizieren lassen. Dass dies nicht der ganze Raum sein kann, lässt sich so einsehen: Die Orte müssen durch Lage und Abstand zu ruhenden Objekten bestimmt werden, damit sie konstant bleiben. Wenn die Bezugsobjekte sich nämlich bewegten, die durch Bezug zu ihnen bestimmten Objekte aber nicht gleichförmig mitliefen, würden sich deren Lagen und Abstände zu den Bezugsobjekten ändern. Die an ihnen befindlichen Objekte hätten also den Ort gewechselt, auch wenn sie an der Stelle geblieben wären. Ruhe und Bewegung wären nicht mehr unterscheidbar. Ortsbestimmung setzt also Ruhe der Bezugsobjekte voraus. Andererseits aber setzt Ruhe, wie sie im Ortsraum verstanden werden kann, nämlich als Beharren am Ort, Orte voraus. Ruhe setzt dann den Ort, der Ort aber Ruhe voraus, und es entsteht ein Definitionszirkel, der die Einführung eines Ortsraumes vereitelt, wenn man nicht auf ein dieser Einführung vorausliegendes Ruheverständnis zurückgreifen kann. Ein solches liefern flächenlose Räume, z.B. ruhiges Wasser, Abendruhe, Ruhe bei Müdigkeit.

Hiermit sind die tieferen Schichten der Räumlichkeit schon angesprochen. Die Trennwand zwischen ihnen und dem Ortsraum ist die Fläche. Mit der Fläche beginnt die Entfremdung des Raumes vom Leib. Ich verstehe *Leib* als das, was jemand von sich, als zu sich selbst gehörig, in der Gegend – nicht immer in den Grenzen – seines Körpers spüren kann, ohne sich der fünf

Sinne und des auf ihre Erfahrungen gegründeten perzeptiven Körperschemas zu bedienen. Zum Leib in diesem Sinn gehören erst einmal leibliche Regungen wie Schreck, Angst, Schmerz, Hunger, Durst, Wollust, Frische und Müdigkeit, ferner das stets leibliche Ergriffensein von Gefühlen, die spürbare Motorik und die leiblichen Richtungen, die unumkehrbar aus der Enge in die Weite führen, wie der Blick, das Ausatmen, das Schlucken. Am eigenen Leib kann man keine Flächen spüren, während man sie am eigenen Körper besehen und betasten kann. Zwischen Blickzielen kann der Blick an Flächen Netze umkehrbarer paarender Verbindungen schaffen und darüber Lagen und Abstände einführen, mit deren Hilfe sich der Raum überspannen und in einen Ortsraum einbinden lässt, der gestattet, zu sagen, wo etwas ist. Vorher entwickelt sich das menschliche und tierische Leben in einem Richtungsraum, der organisiert wird durch die leiblichen Richtungen, die ebenso unumkehrbaren entgegenkommenden Richtungen, von denen der Leib getroffen wird, mit denen er durch den Blick und das von mir eruierte motorische Körperschema[73] kooperiert, und die abgründigen Richtungen ohne Quelle wie die reißende Schwere und die gerichteten Gefühle. Dieser Richtungsraum ist unentbehrlich für die flüssige Motorik; im Ortsraum könnten wir nur mühsam tastende Schritte machen.

Alle Räume in Schichten unterhalb des Ortsraumes sind flächenlos. Das hier nächstliegende, schon angesprochene Beispiel ist der Raum des Schalls. Ich denke weniger an die auf die Schallquelle bezüglichen Signale für Richtung und Entfernung als an den Raum, den die rhythmischen und tonalen Bewegungssuggestionen aufspannen, wie stechender Lärm, verhallendes Echo, Steigen und Sinken, Drängen und Kreisen der Töne, das vom Schall der Musik auf die tanzenden und marschierenden Leiber überspringt, ferner an die schon erwähnten synästhetischen Masseneigenschaften des Schalls als weit ausladender sonorer

[73] Hermann Schmitz, Der Leib, Berlin 2011, S. 21–23.

Gongschlag, als schriller, spitzer Pfiff usw. Der Schall hat Volumen, aber dynamisches, nicht dreidimensionales, weil er keine Flächen hat. Die Vorstellung eines dreidimensionalen Volumens oder Raumes kann nur im Ausgang von Flächen und durch diese ermöglichten Strecken entstehen. Das dynamische Volumen des Schalls gleicht dem leiblichen Volumen des vitalen Antriebs aus Spannung und Schwellung, z. B. beim Einatmen, einschließlich der aus der Schwellung sich lösenden privativen Weitung wie bei Müdigkeit. Es entsteht durch Bewegungssuggestionen, die bei Leib und Schall und weit darüber hinaus übereinstimmen und leibliche Kommunikation[74] möglich machen. Mit dem Raum des Schalls verwandt ist der Raum der einprägsamen, z. B. feierlichen oder drückenden Stille. Andere Beispiele flächenloser Räume sind der Raum des spürbaren Wetters, der Raum des unauffälligen Rückfeldes, das man durch kleine Bewegungen des Aufrichtens, Zurücklehnens, Dehnens unaufhörlich in Anspruch nimmt, der Raum der frei sich entfaltenden Gebärde, der Raum des Wassers für den Schwimmer, der sich vorwärts kämpft oder ruhig tragen lässt.

Die beiden wichtigsten flächenlosen Räume sind der Raum des Leibes[75] und der Raum der Gefühle als Atmosphären. Eine *Atmosphäre* ist eine totale oder partielle, jedenfalls erheblich ausgedehnte, Besetzung eines flächenlosen Raumes im Bereich dessen, was jeweils als anwesend erlebt wird; es kann sich auch um eine Besetzung durch Leere handeln, wie bei der von mir beschriebenen Verzweiflung *(acedia, ennui)*.[76] Es gibt leibliche Atmosphären, die den Raum erlebter Anwesenheit nicht total besetzen und dies auch nicht beanspruchen, aber den Leib ganzheitlich umhüllen, wie Mattigkeit und Behagen oder schlechte Laune am Morgen. Außer dem leiblichen Behagen gibt es aber

---

74 Ebd. S. 29–53.

75 Ebd. S. 7–14: Die Ausdehnung des Leibes.

76 System der Philosophie, Band III, Teil 2, Bonn 1969, in Studienausgabe 2005, S. 219–244.

auch ein Behagen als Gefühl, z. B. der Geborgenheit in der Liebe eines Menschen oder eines harmonischen Familienkreises. Es ist überall, wohin man geht, im Raum erlebter Anwesenheit. Gefühle neigen zur totalen Erfüllung dieses Raumes; ich habe das besonders für Trauer und für Scham nachgewiesen. Oft setzen sie sich damit nicht durch, aber der Anspruch bleibt. Sie sind aber nicht immer und überall, sondern Halbdinge wie die Stimme eines Menschen, die erklingt und verstummt und zwischendurch nicht da ist. Von anderen Atmosphären, die sich in der erlebten Anwesenheit total ausdehnen, aber wie Wetter und Stille Gefühle zwar sein können, oft aber nicht sind, unterscheiden sich die Gefühle durch die Art des leiblich-affektiven Betroffenseins von ihnen, das ich als *Ergriffenheit* bezeichne: Der Ergriffene ist genötigt, den Impuls des Gefühls anfangs zu seinem eigenen zu machen, und erst nach dieser Anfangsphase in der Lage, sich in Preisgabe oder Widerstand damit auseinanderzusetzen.

Alle Atmosphären sind intensive Größen. Größenunterschiede zeigen sie z. B. im Fall der feierlichen und der drückenden Stille, die mächtig ergreifende Gefühle sein können; die feierliche Stille, ebenso die zarte Morgenstille, übertreffen die gedrängte, einengende, drückende Stille durch ihre Weite ähnlich wie die langsame, zur Weite der Dauer offene Bewegung die flüchtigere schnelle. Die Tiefe der Gefühle habe ich als Weite charakterisiert[77]; zwar sind alle Gefühle als Atmosphären weit, aber die Weite der tiefen Gefühle ist intensiver. Extensive Größen können die Gefühle in einem flächenlosen Raum nicht sein, denn ohne Lagen und Abstände, die erst durch die umkehrbaren Verbindungen an Flächen möglich werden, können räumliche Erstreckungen nicht so zerlegt werden, dass sich extensive Größen ergeben.

Die Atmosphären, die Gefühle sind, brauchen nicht immer zu ergreifen; oft werden sie nur wahrgenommen, wie die alberne

[77] Ebd., S. 335–342.

Fröhlichkeit eines Festes von einem ernsthaften Beobachter. Wenn sie ergreifen, ist die Ergriffenheit aber immer leiblich spürbar und gibt als leiblich ergreifende Macht dem Ergriffenen durch Bewegungssuggestionen seine erstaunliche Gebärdensicherheit ein, die oft nur ein geübter Schauspieler glaubhaft nachstellen könnte, ohne ergriffen zu sein. Diese Ergriffenheit kann entweder unmittelbar sein oder vermittelt durch begegnende Gestalten, die leibverwandte, d. h. ebenso am eigenen Leib spürbare wie am Begegnenden wahrnehmbare Brückenqualitäten besitzen; das sind Bewegungssuggestionen und synästhetische Charaktere (ohne eigentliche Synästhesien). Dank solcher Brückenqualitäten sind sogar leiblose Gestalten für Gefühle empfänglich; sie fühlen natürlich nichts, werden aber dadurch ausdruckshaltig. Durch leibliche Kommunikation, besonders in der von mir als antagonistische Einleibung beschriebenen Art[78], geht das Gefühl dann in das leiblich-affektive Betroffensein des Empfängers über. Es kommt vor, dass die bloße Wahrnehmung eines Arrangements leibloser Gestalten einen Menschen so umstimmt, dass ein konträr entgegengesetztes Gefühl ihn ergreift, wenn z. B. ein zerrissener oder bösartiger Mensch durch die milde und feierlich friedliche Atmosphäre einer Kirche zur Sanftheit gewendet wird.

Unter den Überträgern von Atmosphären des Gefühls durch leibnahe Brückenqualitäten nehmen die akustischen und besonders die musikalischen Gestalten eine ausgezeichnete Stellung dadurch ein, dass sie zwei Intensitätsarten vereinigen, die räumliche Intensität durch Besetzung eines flächenlosen Raumes und die zeitliche Intensität der Dauer und der damit zusammenhängenden Eigenschaften, wie Schnelligkeit und Langsamkeit. Die Intensität der Dauer gestattet es dem Schall, geschichtlich zu werden. Wäre seine Dauer eine extensive Größe, würden die früheren Abschnitte seines Erschallens, durch Schnitte abtrennbar von den folgenden, der gegenwärtigen Gegebenheit gleich-

[78] Wie Anmerkung 73, S. 38–44.

sam nachhinken und nur noch in der Erinnerung zu finden sein. Weil sie in der intensiven Dauer aber zu einem absolut unspaltbaren Verhältnis zusammengebunden werden können, lebt im augenblicklichen Schall oft noch seine Geschichte. Das zeigt sich schon an einem langgezogenen Pfiff, einem gar nicht musikalischen Geräusch. Keine Farbe könnte durch ihre Dauer so langgezogen werden. Wenn eine rote Fahne am Mast aufgezogen ist, bleibt sie den ganzen Tag über genauso rot wie am Anfang. Ein Pfiff verändert seine Gestalt durch seine Dauer. Er zieht sich in die Länge, wird aufdringlicher, am Ende unerträglich, so dass man sich die Ohren zuhält, es sei denn, dass man sich schließlich an ihn gewöhnt hat und nicht mehr hinhört. Die Bewegungssuggestionen, die der Schall transportiert, stauen sich durch ihr bloßes Andauern zu überwältigender Intensität. Wegen ihrer Leibverwandtschaft können, aber müssen nicht Atmosphären des Gefühls an sie anbinden; dadurch wird die Musik zur Heimstätte der Präsenz solcher Atmosphären, die sich im Barock, entsprechend der damaligen Affektenlehre, lediglich darstellen, in der späteren Musik aber mehr oder weniger dazu bestimmt werden, den Hörer zu ergreifen. Vor allen anderen Gestalten, die Atmosphären vermitteln, haben die akustischen, besonders die musikalischen, den Vorzug, dass sie nicht nur da sind, sondern auch wachsen, d.h. ihre Geschichte mit sich bringen. Dadurch werden ausgreifende Bögen musikalischer Komposition möglich, denen im Material der Farben nichts Entsprechendes an die Seite gestellt werden könnte. Die Musik bildet Gestalten aus. Musikalische Gestalten sind Geflechte von Bewegungssuggestionen im Medium der Töne, d.h. Vorzeichnungen von Bewegung ohne von der Musik selbst (durch Wandern der Schallquelle) ausgeführte Bewegung.

Die bisher beschriebene Intensität der Musik ist doppelt: intensive Weite des flächenlosen, von Atmosphären erfüllten Schallraums und intensive Dauer des geschichtlich sich aufladenden Schalls. Tatsächlich ist diese Intensität noch einmal so kompliziert, indem sich die intensive Dauer in zwei Intensitäten aufspaltet, die einander umgekehrt proportional sind: intensive Länge und intensive Dichte. Ich habe das schon an Schnelligkeit und Langsamkeit gezeigt. Je schneller eine Bewegung ist, desto gedrängter ist sie unter dem Druck des Neuen, Ankommenden, das die intensiv in unspaltbarem Verhältnis verbundenen Teile zusammenpresst bis zum Zerreißen der Dauer, die ins Vorbeisein entgleitet: Das Schnelle ist flüchtig, dem Vergehen ausgeliefert. Im Gegensatz dazu wächst mit der Langsamkeit der Anteil unzerrissener Dauer; daher ist das intensive Gefüge lockerer, weniger gedrängt. Das gilt nicht nur für jede Bewegung im Raum, sondern für jeden Ablauf wie den musikalischen der Klänge, den man mit verallgemeinernder Wortverwendung ebenfalls »Bewegung« nennen kann. In jeder Bewegung in diesem verallgemeinerten Sinn sind beide Dimensionen intensiver Dauer beisammen, so dass auch die schnellere Bewegung unzerrissene Dauer an sich hat, die langsamere etwas vom Riss in der Dauer. Dazu kommt in der Musik die Gestaltgebung durch das Geflecht der Bewegungssuggestionen, der Motive, Themen, Melodien und ihrer Variationen in der Durchführung. Der Spielraum für die Konkurrenz von intensiver Länge und intensiver Dichte, für die Ausformung des Gegensatzes von Dauer und Vergänglichkeit in der Musik, wird durch die Übertragung von der ausgeführten Bewegung auf die bloß vorgezeichnete Bewegung der Bewegungssuggestionen unabsehbar vergrößert. Der Rhythmus ist eine solche Bewegungssuggestion, die dem bloßen Ablauf eingeprägt ist und in der Musik durch tonale Bewegungssuggestionen ergänzt wird. In jedem Rhythmus eines Ablaufs wirken Länge und Dichte antagonistisch zusammen und streben einem Ausgleich, einer Sättigung zu, die den Ablauf zur Gestalt abrundet.

Die Musik als zeitliche Gestaltung eines Ablaufs bewältigt also die Aufgabe, das Währen und die Flüchtigkeit, d. h. intensive Länge und intensive Dichte der Dauer, in eigenartiger und stimmiger Weise zu vereinigen und in dieser (leiblich-zeitlichen) Dimension von Engung und Weitung Atmosphären des

Gefühls den Spielraum zur Entfaltung zu geben. Dabei ist die verdichtende Engung eher ein passives Geschehen, der Dauer auferlegt durch den eindringlichen Druck des Neuen, während die weitende Länge sich gegen den Druck zum Zerreißen der Dauer behaupten muss. Für die Lösung dieser Aufgabe gibt es viele Stile und Wege. Einige besonders markante deute ich durch flüchtige Gegenüberstellung von Händel und Bach an. Der mitreißende Schwung des Rhythmus der Musik von Händel nimmt die Hemmung, die engende Verdichtung der Dauer, in schneller wie in langsamer Bewegung ohne Anstoß aufgreifend mit. Es ist wohl kein Zufall, dass Händel seltener als Bach Fugen konsequent auskomponiert. Die in einer Fuge wiederkehrenden Themeneinsätze sind Stöße herausfordernder Verdichtung. Die Auseinandersetzung mit solchen Stößen scheint zum härteren Stil Bachs zu gehören, besonders in der Instrumentalmusik und in dieser auf der Orgel. Als Beispiel nenne ich das Stück Nr. 21 (mit Pedaleinsatz) aus dem 3. Teil der Klavierübung, eine Fuge über das Lied »Jesus Christus unser Heiland«, wo die Gegenstimmen die schneidenden Einsätze des Themas in den lockeren Fluss gleitender Dauer einbetten. Bei Bach habe ich oft den Eindruck, dass eine gewaltige Kraft, die nicht einmal (wie bei Beethoven) zu drücken braucht, um sich durchzusetzen, Hemmungen wegschiebt. Die vereinende Fügung und integrierende Bewahrung des Gegensatzes von intensiver Länge und intensiver Dichte, unzerrissener und dem Zerreißen im Vorbeisein sich nähernder Dauer, ist eine ständige Aufgabe musikalischer Gestaltung.

Die Musik ist eine Zeitkunst, indem sie Dauer und Vergänglichkeit, die beiden das Schicksal der Zeitlichkeit stiftenden Faktoren, in eigenartigen Gestalten integrierend ausformt und dem Hören darstellt. Ebenso ist sie eine Raumkunst, die sich in der intensiven Weite des flächenlosen Schallraums dynamisch entfaltet und darin ergossene Atmosphären des Gefühls präsentiert, aber nur andeutungsweise, so dass der Hörer von den präsentierten Atmosphären angeregt oder betroffen sein kann, ohne sie eindeutig identifizieren zu können, wie es auch der Fall ist bei den Atmosphären des Mondlichts oder einer Gewitterlandschaft. Die Musik legt sich nicht fest wie die Dichtung, bringt aber desto offener und vielseitiger dem Menschen sein Schicksal nahe, in Raum und Zeit ausgesetzt zu sein und betroffen werden zu können.

Die Atmosphäre einer Stadt

> »Ich kenne die Straßen, die Gebäude, ich kenne die Mundart, die der Wiener spricht; ich kenne Typen, Gesellschaftskreise, ich kenne den Corso auf dem Ring, das Treiben im Prater, die Burgmusik – aber was den Duft dieser Dinge macht, und wie es eigentlich kommt, daß uns oft in einem stillen Praterspaziergange, oder auf dem alten Platz vor der Minoritenkirche, oder aus einem Worte eines süßen Mädels die ganze rührende und reiche Seele der Stadt entgegenflutet, das, das möcht' ich wissen!« »Nun ja«, sagte Hans, »das Geheimnis der Stimmung!«[79]

Aber gibt es überhaupt Geheimnisse an sich? Mit der Atmosphäre einer Stadt hat sich Gernot Böhme als Phänomenologe beschäftigt.[80] Er meint:

»Die Atmosphäre einer Stadt ist die subjektive Erfahrung der Stadtwirklichkeit, die die Menschen in der Stadt mit einander teilen. Sie erfahren sie als etwas Objektives, als eine Qualität der Stadt.«[81] »Ferner (…) wird unter der Atmosphäre einer Stadt etwas Charakteristisches verstanden, d. h. etwas, das einer Stadt eigentümlich ist, das, worin sie individuell ist, und das sich deshalb auch in allgemeinen Begriffen nicht mitteilen lässt. Das soll aber nicht heißen, dass man über die Atmosphäre einer Stadt nicht reden könnte (…), sondern nur, dass die Atmosphäre etwas

---

[79] Arthur Schnitzler, Der Spaziergang (1893), in: Gesammelte Werke, Band I, Düsseldorf / Zürich 2002, S. 183 f. Für die Mitteilung der Stelle danke ich Anna-Katharina Gisbertz.

[80] Gernot Böhme: Anmutungen. Über das Atmosphärische, Ostfildern vor Stuttgart 1998, S. 49–70: Die Atmosphäre einer Stadt.

[81] S. 70.

ist, das man spüren muß, um zu verstehen, worum es in solchem Reden geht.«[82]

Böhmes Reden betreffen Faktoren, die zur Atmosphäre einer Stadt beitragen: Geruch, Geräusche, räumliche Strukturen, das, was er mit einem schönen Ausdruck von August Endell »Schleier des Tages« nennt (Nebel, Luft, Regen, Dämmerung), ferner die Lebensform der Bewohner, die allerdings selbst schon unter dem Einfluss dieser Atmosphäre steht. Warum schließen sich solche Faktoren zum Ganzen einer Stimmung zusammen? Das bleibt auch für Böhme ein Geheimnis. Gewiss, das ganz Individuelle mag nie mit allgemeinen Begriffen restlos durchleuchtbar sein, aber das Rätselhafte und Geheimnisvolle ist in diesem Fall von besonderer Art: Es scheint etwas gleichsam in der Luft zu liegen und unwillkürlich auf Menschen zu wirken, das man nur im Spüren erhaschen, aber mit allgemeinen Begriffen nicht dingfest machen kann, abgesehen von der Aufzählung einzelner Faktoren. Ich glaube nicht, dass dieses Rätselhafte in der Natur der Sache liegt, und suche den Grund des Befremdens vielmehr in der Unangemessenheit unserer Begriffe, die seit Demokrit und Platon, seit der von mir so genannten psychologistisch-reduktionistisch-introjektionistischen Vergegenständlichung[83], die Welt dadurch spalten, dass jedem Bewussthaber sein gesamtes Erleben in eine private Innenwelt (Seele oder Bewusstsein) eingeschlossen wird und zwischen diesen Innenwelten eine bis auf wenige Merkmalsorten und deren erdachte Träger abgeschliffene Außenwelt belassen wird. In einer solchen Vergegenständlichung ist kein Platz für das Ganze der Atmosphäre oder Stimmung einer Stadt.

---

[82] Ebd. S. 55.

[83] Hermann Schmitz: Husserl und Heidegger, Bonn 1996, S. 75–88: Die Entstehung der psychologistisch-reduktionistisch-introjektionistischen Denkweise; Adolf Hitler in der Geschichte, Bonn 1999, S. 32–37: Die psychologistisch-reduktionistisch-introjektionistische Verfehlung; Was ist Neue Phänomenologie? Rostock 2003, S. 333–348: Der große Paradigmenwechsel bei Demokrit, S. 348–368: Platon als Demokriteer.

Ich habe mich bemüht, durch eine zusammenhängende phänomenologische Begriffsbildung die unwillkürliche Lebenserfahrung unter der psychologistisch-reduktionistisch-introjektionistischen Vergegenständlichung auszugraben. Wie ich mit solchen Begriffen an die Stimmung oder die Atmosphäre einer Stadt herangehe, um ihr den Nimbus eines nur zu erahnenden Geheimnisses zu nehmen, will ich zunächst mit einem Satz sagen, der Ausdrücke enthält, die dem Uneingeweihten, mit der Neuen Phänomenologie Unvertrauten, unverständlich sein müssen und daher anschließend erläutert werden sollen: *Die Stimmung einer Stadt beruht auf Bewegungssuggestionen und synästhetischen Charakteren, die als leibnahe Brückenqualitäten bei den Anwesenden solidarische Einleibung bewirken, auf der sich Gefühle als Atmosphären mit bedeutsamen zuständlichen Situationen niederlassen und den Anwesenden mitteilen.*

Folgende Äußerung von Hermann Strehle mag als Einführung in die Bewegungssuggestionen als leibnahe Brückenqualitäten dienen: »Das Gefühl einer allseitigen Ausdehnung haben wir u.a. dann, wenn wir mit befreiendem Aufatmen einen Hochwald betreten oder einen unerwartet schönen Saal. Unwillkürlich weiten wir die Brust und machen uns größer, gerade so, als wollten wir uns der imponierenden Umgebung anpassen und würdig erweisen. Indem wir uns solchermaßen dehnen und strecken, haben wir das Erlebnis des Raumeroberns und der Machterweiterung.«[84] Die Bewegungssuggestion des Aufstrebens und Ausschwingens in weite Höhe springt auf den spürbaren Leib über, da sie ihm mit den wahrgenommenen Gestalten gemeinsam sein kann. Wie solche Bewegungssuggestionen Gefühle in solidarischer Einleibung auf die betroffenen Anwesenden übertragen können, zeigt an einer anderen Raumform, dem romanischen Rundbogen, eine heute vermutlich etwas überschwänglich wirkende, aber noch gut einfühlbare Beschwörung des Ein-

[84] Hermann Strehle: Mienen, Gesten und Gebärden, München 1954, S. 45.

drucks, den diese architektonische Gestalt jugendlichen Besuchern mit aufgeschlossener Empfänglichkeit gemacht habe:

»Misstrauisch gegen barocken Prunk, zweifelnd vor der Logik gotischer Konstruktionen, weiß deutsche Jugend in Paulinzella oder Alpirsbach sich daheim. ›So müsste man sein! So sollte man leben!‹« »Daß Stolz nicht Demut ausschließt, Erdentüchtigkeit nicht metaphysische Hingabe, daß Freiheit möglich ist in Gebundenheit: solche umfassende Ordnungswelt kündet uns die Ruheformel des Runden Bogens. Deutsche Jugend weiß sie zu deuten.«[85]

Eine räumliche Form, deren Bewegungssuggestion Auf- und Abschwung in ruhig ausgewogener Halbrundung zusammenfasst, transportiert hiernach ein junge Menschen ergreifendes Gefühl mit einer zuständlichen Situation, die eine ganze Ordnungswelt in ihrem Nomos (ihrem Gehalt an Normen und Wünschen) einschließt, und inspiriert damit eine Lebensform, die den in ihren Bann Geratenen vorschwebt. Beide Zeugnisse umspannen intuitiv alles, was ich mit dem kursiv gesetzten Satz begrifflich sagen will, und geben zu verstehen, wie unter den von Böhme benannten Faktoren der Atmosphäre einer Stadt räumliche Strukturen, wahrscheinlich meist mit weniger Pathos als in den Zitaten, in die Lebensform der Bewohner hineinwirken können. Was hier intuitiv und suggestiv nahegelegt wird, dem soll jetzt begrifflich nachgearbeitet werden.

Bewegungssuggestionen sind Gestalten aller Art, optischen, akustischen, taktilen oder auch anderen Sinnen zugeordnet, gleich ob sie ruhen, sich bewegen oder selbst Bewegungen sind, als Vorzeichnungen einer Bewegung, die über die eventuell ausgeführte hinausgeht, eingegeben; sie verbinden zusammen mit den noch zu besprechenden synästhetischen Charakteren, die in alle Sinnesdaten eingebunden sein können, das Wahrgenommene mit dem spürbaren Leib, in dessen Dynamik sie ebenso

[85] Adolf Heckel, Der Runde Bogen, 65.–79. Tausend Königstein im Taunus 1957, S. 5 und 12.

vorkommen wie in Gestalten. Über diese Dynamik muss ich wenige Bemerkungen einschieben. Sie verläuft in den beiden Dimensionen von Enge und Weite und von protopathischer und epikritischer Tendenz. Die Dimension von Enge und Weite ist erfüllt von gegenläufigen Tendenzen, oder eben Bewegungssuggestionen, der Engung und Weitung. Sie sind als Spannung und Schwellung verschränkt im vitalen Antrieb. Wenn die Engung aushakt, wie im Schreck, ist der Antrieb erstarrt oder gelähmt; wenn die Weitung ausläuft, wie bei wohltätiger Müdigkeit und im Dösen, ist er erschlafft. Antrieb ist erst in der Konkurrenz beider Tendenzen, z. B. beim Einatmen. Aus dem vitalen Antrieb können aber, ohne dass er ganz zersetzt wird, Anteile von Weitung als privative Weitung und Anteile von Engung als privative Engung abgespalten werden; so weiten etwa Müdigkeit und Erleichterung privativ im Gegensatz zu der Weitung durch überwiegende Schwellung in Wollust und Zorn. Zwischen Engung und Weitung vermittelt leibliche Richtung, die z. B. als Blick und Ausatmen unumkehrbar aus der Enge in die Weite führt; sie ist eine Weitung, die z. B. als scharf gestellter Blick oder stoßende Ausatmung Engung mitnehmen kann, ohne sich ihr entgegenzusetzen oder von ihr abzusetzen. Protopathisch ist die dumpfe, stumpfe, verschwommen ausbreitende Tendenz, epikritisch die spitzende und schärfende; jene ist meist mit Weitung, aber als benommener Kopf nach zu viel Alkoholgenuss auch mit Engung verbunden, diese meist mit Engung, aber z. B. als frisch beschwingter Gang auch mit Weitung. So viel zur leiblichen Dynamik dürfte jetzt genügen.

Der vitale Antrieb ist durch die Verschränkung von Spannung und Schwellung dialogisch, was sich in wechselnden Gewichtsverhältnissen und verschiedenen Bindungsformen beider Tendenzen ausdrückt. Der Dialog kann sich zur Konfrontation antagonistischer Einleibung aufspreizen, zunächst in Halbdinge, die am eigenen Leib gespürt werden, wie der Schmerz und die reißende Schwere, wenn man ausgleitet und stürzt oder sich gerade noch fängt. Halbdinge unterscheiden sich von Volldingen durch unterbrechbare (potentiell unstetige) Dauer und zweigliedrige oder unmittelbare Kausalität, bei der Ursache und Einwirkung dem Effekt gegenüber zusammenfallen. Der Schmerz ist ein Halbding als Widersacher, mit dem man sich auseinandersetzen muss, während man mit der nicht weniger peinlichen, ihm in der leiblichen Dynamik verwandten Angst mitgehen kann, dem expansiven Impuls, z. B. in heller Angst flüchtend, folgend. Ein Widersacher ist auch die reißende Schwere, nicht mehr eigener Zustand, sondern aus dem Nirgendwo überfallende Macht, aber auch nur am eigenen Leib spürbar, wie der Wind, ein weiteres solches Halbding. Antagonistische Einleibung vermittelt aber auch den Kontakt mit Volldingen, z. B. im Blickwechsel, in der motorischen Reaktion, in der Aufmerksamkeit, überhaupt bei allen Zuwendungen. Sie ist einseitig, wenn der Eingeleibte an etwas hängt, von etwas gefesselt ist, so dass der dominante Engepol des gemeinsamen vitalen Antriebs auf der Gegenseite bleibt, und wechselseitig, wenn die Dominanz fluktuiert. Der durchgängige Zug jeder Einleibung ist der gemeinsame vitale Antrieb, in den die besonderen Antriebe der Beteiligten eingehen. Die Einleibung ist antagonistisch, wenn wenigstens ein Partner sich dem anderen zuwendet, und solidarisch, wenn ein gemeinsamer Antrieb die Beteiligten ohne Zuwendung zu einander verbindet, wie bei stürmischem Mut und panischer Flucht einer Truppe, bei massenhaftem Aufruhr, gemeinsamem Singen, Musizieren, Sägen und Rudern, unter dem Einfluss rhythmischen Rufens, Klatschens, Trommelns.

Einleibung verbindet nicht nur spürbare Leiber, sondern ebenso Leiber mit leiblosen Gegenständen, sofern diese durch Bewegungssuggestionen und / oder synästhetische Charaktere leibverwandt sind. Von Bewegungssuggestionen habe ich schon gesprochen. Synästhetische Charaktere, die für die Bildung der Stimmung einer Stadt von großer Wichtigkeit sind, brauchen mit Synästhesien wie dem Hören von Farben nichts zu tun zu haben, sind aber unentbehrliche Bestandteile jeder Wahrnehmung von Qualitäten. Sie verbinden quer die spezifischen Qualitätensorten verschiedener Sinne und tragen oft, nicht immer, den Namen einer solchen Qualität. Synästhetische Charaktere sind z. B. das Helle, Spitze, Dumpfe, Grelle, Scharfe, Massige, Schwere, Leichte, Harte, Weiche, Sanfte, Wuchtige, Feurige, oder was man einer Stimme anhört, die warm oder kalt, hart oder gepresst oder voll und weich, rau oder ölig sein kann. Dass Härte und Weichheit als synästhetische Charaktere von den taktilen Qualitäten verschieden sind, hört man am Klang der Worte: »Hart« klingt hart, »weich« klingt weich, ohne dass diese Verteilung durch taktile Erfahrungen erklärbar wäre, und der »weiche Gang geschmeidig starker Schritte«, den Rilke in seinem berühmten Gedicht dem gefangenen Panther nachsagt, ist so wenig taktil weich wie der wiegende Gang einer Frau. Dieses Beispiel zeigt die synästhetischen Charaktere als leibnahe Brückenqualitäten; denn der Gang eines Menschen wie auch eines Tieres wird eigentümlich durch synästhetische Charaktere, die ebenso am eigenen Leib gespürt wie an Gestalten wahrgenommen werden und die Grundzüge leiblicher Dynamik tragen; ein Gang ist z. B. durch Spannung gehemmt und fest, durch Schwellung getrieben und flüssiger, durch privative Weitung leicht und beflügelt, durch epikritische Tendenz in sich spitz abgesetzt, durch protopathische Tendenz schwer, zerfließend, plump. Die synästhetischen Charaktere des Schweren und Leichten treten eindringlich am Schall hervor. Tiefer, dunkler Schall klingt schwer, weich, locker, stumpf, zäh, schwerfällig, weit ausladend, heller und hoher Schall dagegen leicht, eng, spitz, scharf, dicht, beweglich. Man überzeugt sich leicht, dass diese Schwere von anderer Art ist als die drückende der Körper, aber zusammen mit den entgegengesetzten Eigenschaften des hellen Schalls ein Ebenbild hat in der leiblich gespürten Schwere und Leichtigkeit, z. B. bei Müdigkeit und Frische. Die synästhetischen Charaktere kommen auch ganz ohne Sinnesqualitäten an eindringlicher Stille vor, und zwar mit Merkmalen, die den am Schall abgelesenen ähneln. Feierliche Stille ist weit und dicht, aber nicht eigentlich schwer wie drückende Stille, z. B. eines heißen und schwülen

Mittags, die enger, aber ebenso dicht ist, während die Stille eines unberührten Morgens leicht und zart sein kann, je nach dem dichter oder lockerer. In diesem Fall ist die Verwechslung synästhetischer Charaktere mit spezifischen Sinnesqualitäten ausgeschlossen.

Synästhetische Charaktere von besonderer Bedeutung für die Stimmung einer Stadt sind das Sanfte, Raue und Grelle. Sanfte Musik, sanfte und milde Wärme, sanfte Müdigkeit stimmen überein in einem synästhetischen Charakter, den man von der leiblichen Dynamik her als Dämpfung, aber nicht Stilllegung des Antagonismus von Spannung und Schwellung mit Beimischung protopathischer Tendenz bezeichnen kann, wie ein leises Plätschern ohne scharfe Konturen. Diese sind schärfer im Rauen markiert, aber so, dass die epikritische Tendenz von protopathischer gleichsam übertönt wird und zugleich die engende Spannung zunimmt. Diese steigert sich noch im Grellen oder gar Schrillen, das gar nicht mehr sanft ist, aber epikritisch spitz und scharf, ohne protopathische Streuung. Bei Dämpfung des Grellen schwindet der engende Druck, aber im vitalen Antrieb bleibt eine zartere Spannung, von der sich privative Weitung löst, jedoch mit der Enge verbunden durch leibliche Richtung aus der Enge in die Weite; so entsteht ein Spielraum leichter, energischer, beschwingter Bewegung, die durch epikritische Tendenz Schärfe und Präzision erhält. Das ist der synästhetische Charakter des Vokals *i*, wie ihn Wellek an Sprachen herausgearbeitet hat[86]; er gleicht dem synästhetischen Charakter der hellen gelben Farbe und dem Stil der Musik von Mozart.[87] Der Musikwissenschaftler Becking hat, die Zusammengehörigkeit von Bewegungssuggestionen mit synästhetischen Charakteren in der leiblichen Dynamik intuitiv vorwegnehmend, die Per-

---

[86] Albert Wellek, Der Sprachgeist als Doppelempfinder, in: Zeitschrift für Ästhetik und allgemeine Kunstwissenschaft 25, 1931, 226–265, hier speziell S. 235–250.

[87] Hermann Schmitz, System der Philosophie, Band III, Teil 5, Bonn 1978, in Studienausgabe 2005, S. 57–61.

sonalstile großer Komponisten durch Handbewegungen (nach Dirigentenart) ermittelt, mit denen er sein unbefangenes Zuhören begleitete, darauf achtend, welche Kurve sich am glattesten dem musikalischen Verlauf anpasst.[88] Obwohl seine Feststellungen zu Mozart erst durch die Gegenüberstellung mit Beethoven prägnant werden, führe ich einige Stellen über Mozart an. Zu dessen Musik passt »der glatte, freie, spitz einsetzende Niederschlag«.[89] Mozarts erster Schlag muss

»sofort fertig dastehen; er verträgt kein nachträgliches Pressen. Er würde ins Wanken geraten, wollte man ihn rund und allmählich statt spitz und behend einsetzen lassen.«[90] »An den Hauptnachdruckstellen seines Schlages hemmt er die Bewegung und erzielt dadurch das gefühlsbetonte Verweilen. Doch wirken Schlag und Fall, subjektive und objektive Bewegungslenkung bei ihm in der gleichen Bahn. Sie scheinen überhaupt zu einer einzigen Kraft zusammenzuschmelzen, die sowohl die Züge persönlicher Freiheit wie schicksalhafter Bestimmung trägt. Konflikte zwischen beiden sind ausgeschlossen; die Bahn kann nicht gewunden, die Bewegung nicht gequält sein.«[91]

Die epikritische, frei im Spielraum heller Weite mit ungebrochener, nicht durch den Gegensatz von Tun und Leiden aufgehaltener Richtung sich entfaltende Bewegung der Musik von Mozart kommt hier so zum Ausdruck, wie ich deren Vergleich mit Gelb und *i* meine.

Zur Anwendung dieser Skala von Graden der Aufdringlichkeit synästhetischer Charaktere auf die Stimmung einer Stadt vergleiche ich zwei sächsische Großstädte. Leipzig ist nicht sanft, eher stattlich, ein wenig verhalten in selbstbewusster Bürger-

---

[88] Gustav Becking, Der musikalische Rhythmus als Erkenntnisquelle, Augsburg 1928. Das Buch gehört der großen Zeit anschaulicher Wissenschaft (im Geist Goethes) an, zusammen mit der Graphologie von Klages, der Rassenlehre von Clauß, der Konstitutionstypologie von Kretschmer.

[89] S. 31.

[90] S. 30.

[91] S. 34.

lichkeit, wie man sich vielleicht Bach, den Leipziger, vorstellen kann; selbst die Erscheinung und Bewegung der Menschen auf der Straße hat etwas davon. Dresden aber ist sanft, mit gelassener Anmut an der Elbe hingestreckt. Es dürfte gleich schwer sein, den Genius von Leipzig weiblich wie den von Dresden männlich zu bilden. Ebenso kann es raue und grelle Städte geben, sowie Mozartstädte; vielleicht hat Wien, das ich nicht kenne, etwas davon. Die Charakteristik durch synästhetische Charaktere ermöglicht ein Verständnis dafür, wie die von Böhme ermittelten Faktoren, also Gerüche, Geräusche, klimatische »Schleier des Tages« sowie Farben und bauliche Formen zu einer einheitlichen Stimmung der Stadt zusammenwirken können; der synästhetische Charakter geht quer hindurch und verschmilzt mit den ebenso ubiquitären Bewegungssuggestionen. Otto König hat darauf hingewiesen, dass kein noch so energischer »Ruhe!«-Ruf eine laut diskutierende Menschenmenge zu so augenblicklichem Aufmerken bringt wie ein einziges hell zischendes »pssst«, und daran erinnert, dass solche hellen Zischgeräusche ebenso weit und breit im Tierreich wie unter Menschen (durch Türklingeln, Telefonrufzeichen und Alarmsirenen) ähnliche Wirkungen üben.[92] Dabei wirkt zuerst der eben besprochene synästhetische Charakter des Grellen, aber er geht durch seine leibliche Dynamik in eine ihm in dieser Hinsicht gleiche Bewegungssuggestion des ruckartigen Einhaltens und Auffahrens über, der sich im Tierreich nach der geringsten Verstärkung panische Flucht anschließt. Dieser Zusammenhang gibt mir Anlass, auf die Bewegungssuggestionen zurückzukommen, um mit ihrer Hilfe auch den Anteil fester räumlicher Formen an der Stimmung einer Stadt analysieren zu können.

Ich habe den Zusammenhang fester räumlicher Formen mit Bewegungssuggestionen und durch sie mit leiblicher Dynamik typisiert, zunächst für ungerade, gebogene Formen. Dabei bin

---

[92] Otto König, Urmotiv Auge, München / Zürich 1975, S. 93.

ich vom Regenschirmprinzip ausgegangen, das es gestattet, eine gewölbte, konvex sich darbietende Form als von innen durch radiale Speichen aufgespannt zu sehen und zu ertasten. Die Bewegungssuggestion der Aufspannung ist leibliche Schwellung, die aus sich die konvexe Krümmung hervortreibt und von dieser spannend gehemmt wird, so dass sich ein anschauliches Analogon des vitalen Antriebs aus Spannung und Schwellung (Engung und Weitung) ergibt. Konkave Krümmung öffnet sich der Weitung; konvexe Krümmung hält die radial andringende Schwellung spannend zurück, zunächst in bloß kompaktem Verband, noch ohne rhythmischen Wechsel des Übergewichts. Dieser stellt sich ein, wenn konvexe und konkave Krümmung wechseln, etwa in der Schraubenlinie: Die konkave Phase gibt der Weitung das Übergewicht, während die konvexe das spannende Abfangen der Schwellung begünstigt. Überdies haben solche rhythmischen und verschleiften Formen, die eine durch Ausspannung aus einem einzigen Punkt stabile Anwendung des Regenschirmprinzips ausschließen, eine Nebenwirkung, die die epikritische Tendenz benachteiligt. Die einfache Halbrundform gibt dem Regenschirmprinzip einen epikritischen Nebensinn, weil die radialen Speichen, umgekehrt von der Peripherie nach innen abgelesen, spitz zusammenlaufen würden. Alles Spitze, Ecken und Winkel, hat epikritische Bewegungssuggestion. Diese teilt sich auch gebogenen Formen mit, wenn sie spitz zusammenlaufen. Die in konvex-konkavem Rhythmus wechselnde Form hält nicht nur diese epikritische Wirkung ab, sondern begünstigt auch durch das Gleiten in verschwimmenden Übergängen die protopathische Tendenz.

Von den gebogenen Formen unterscheiden sich die geraden dadurch, dass sie nur durch besondere Stellung im Raum – als sagittale Achse, die in die Tiefe des Hintergrundes führt, auch als Diagonale – oder durch Zuspitzung zu Ecken oder Winkeln Bewegungssuggestionen ausüben, sonst aber diesen Anschluss an leibliche Dynamik vermissen lassen. Das gilt besonders für die Horizontale, der demgemäß der Maler Kandinsky »Kälte und Flachheit« nachsagt.[93] Die faden Flachdächer moderner Hochhäuser geben mit ihrer demonstrativen Ausdruckslosigkeit Zeugnis von diesem Mangel. Zurückhaltender eingesetzt, schwächt der Einsatz gerader Formen die leibliche Dynamik zu einem charaktervollen Gestaltungstyp ab, dessen Grundzug Wölfflin »Stille« nennt: Der »Nordländer, der sich unvermittelt südlicher Säulenarchitektur und südlichen Flachgiebeln gegenübergestellt sieht«, erlebe »die große Überraschung, wie still diese Bauten dastehen. (…) In der deutschen Form ist mehr Aktion, mehr Spannung.«[94] An anderer Stelle sagt er: »Die Gerade ist ganz still.«[95] Diese Stilllegung der Bewegungssuggestionen leiblicher Dynamik in vielen geraden und ebenen Formen kann auch als Schock imponieren, etwa in imperatorischer Kolossalarchitektur, die den Betrachter scheu zurücktreten lässt, weil er sich in ihr mit seiner leiblichen Dynamik nicht wiederfindet, und ihm gerade durch solche Abweisung eine leibliche Haltung eingibt, die in Lebensformen eindringen kann wie italienische Bautenstille oder deutsche gespannte Dynamik nach Wölfflin.

Ich habe diese Typisierung der leiblichen Dynamik, die festen Formen durch ihre Bewegungssuggestionen eingegeben ist, zu einer vergleichenden Charakteristik der leiblichen Dynamik umbauter (namentlich kirchlicher) Innenräume in der Stilgeschichte[96] ausgebaut. Es versteht sich aber von selbst, dass dieselbe Dynamik der Formen auch im nicht umbauten Raum einer Stadt, etwa auf Straßen und Plätzen, wirksam ist und ausstrahlend die Lebensform der Bewohner mitbestimmt.

---

[93] Wassily Kandinsky, Punkt und Linie zur Fläche, 4. Auflage Bern-Bümpliz 1959, S. 59.

[94] Heinrich Wölfflin, Italien und das deutsche Formgefühl, 2. Auflage München 1964, S. 143.

[95] Heinrich Wölfflin, Kleine Schriften, Basel 1946, S. 22 (Prolegomena zu einer Psychologie der Architektur).

[96] Hermann Schmitz, System der Philosophie, Band II, Teil 2, Bonn 1966, in Studienausgabe 2005, S. 156–210; kurz zusammengefasst in meinem Buch: Situationen und Konstellationen, Freiburg i. Br. / München 2005, S. 175 f.

Die in einer Stadt verbreiteten Bewegungssuggestionen und synästhetischen Charaktere verbinden die dort Anwesenden mit einer solidarischen Einleibung, die sich nicht wie beim gemeinsamen Singen oder Aufruhr auf aktuelle Situationen zusammenzieht, sondern unauffällig und zuständlich, d. h. ohne Auszeichnung einzelner Zeitpunkte, wirkt, es sei denn, dass ein Ankömmling davon frisch überrascht wird. Die Bewegungssuggestionen und synästhetischen Charaktere sind aber nicht selbst schon die Stimmung oder Atmosphäre einer Stadt, sondern dazu gehören Gefühle und Bedeutungen, die durch sie vermittelt werden. Es fragt sich, wie das geschieht. Nach dem Sturz der psychologistisch-reduktionistisch-introjektionistischen Vergegenständlichung mit ihrer Einschließung der Gefühle in private Innenwelten darf davon ausgegangen werden, dass Gefühle Halbdinge und Atmosphären in einem flächenlosen Raum (vergleichbar den Räumen des Schalls, der Stille, des Wetters usw.) sind, die den Menschen mit affektivem Betroffensein ergreifen, indem sie ihn leiblich spürbar in Bann ziehen, wozu die betroffene Person nachträglich in Preisgabe und / oder Widerstand Stellung nehmen kann.[97] Gefühle ergreifen den Leib primär durch Bewegungssuggestionen, wie sich insbesondere aus der von mir oft beschriebenen Gebärdensicherheit ergibt, die dem Ergriffenen mühelos wie selbstverständlich hochkomplizierte Ausdrucksbewegungen gelingen lässt, für die sich ein geübter Schauspieler anstrengen müsste, um glaubhaft zu bleiben. Durch Bewegungssuggestionen und synästhetische Charaktere besetzen Gefühle auch beliebige Gegenstände, die durch solche leibnahen Brückenqualitäten leibverwandt sind, auch wenn diese Gegenstände weit davon entfernt sind, etwas zu fühlen. Ein gutes Beispiel dafür ist die Wohnung als Stätte einer Kultur der Gefühle im umfriedeten Raum. Ich denke dabei nicht nur an die

---

[97] Hermann Schmitz, Jenseits des Naturalismus, Freiburg i. Br. / München 2010, S. 145–163; Kurze Einführung in die Neue Phänomenologie, ebd. 2009, S. 71–100.

häusliche, besonders die gemütliche, Wohnung, sondern auch an die Kirche (als Innenraum) und den Garten.[98] In der häuslichen Wohnung ist namentlich das Wohnzimmer eine Stätte solcher Kultur der Gefühle, die nach dem Geschmack des Bewohners Atmosphären durch Bewegungssuggestionen und synästhetische Charaktere so züchtet oder dämpft, dass ein Gefühlsklima der gewünschten Art entsteht. Diese Einrichtung umfasst die Gestaltung der Wände, der Decke, des (blank belassenen oder mit Teppich belegten) Fußbodens, die Möblierung, die Regelung des Lichteinfalls, der Temperatur und der Geräusche. Auf diese Weise entsteht eine Atmosphäre der Wohnung, die der Atmosphäre einer Stadt entspricht, als sei die häusliche Wohnung eine kleine Stadt, wenn auch in anderer Hinsicht große Unterschiede bestehen.[99] In gleicher Weise besetzen Gefühle die in einer Stadt verbreiteten Bewegungssuggestionen und synästhetischen Charaktere und gehen durch diese in die zuständliche solidarische Einleibung der Bewohner und Besucher ein, indem sie diesen vom leiblichen Betroffensein her gewisse Stimmungen eingeben, die aber durch Konkurrenz mit anderen Gefühlen, Stellungnahmen, Vorurteilen usw. verdeckt und unauffällig im Hintergrund bleiben können.

Gefühle sind meist in Situationen befangen. Eine *Situation* ist Mannigfaltiges, das zusammengehalten wird durch eine binnendiffuse Bedeutsamkeit aus Bedeutungen, die Sachverhalte, Programme und / oder Probleme sind. *Binnendiffus* ist die Bedeutsamkeit, weil nicht alle Bedeutungen in ihr einzeln sind. *Einzeln* ist, was eine Anzahl um 1 vermehrt. Situationen sind teils *aktuell*, so dass ihr Verlauf nach beliebig kurzer Zeit auf Veränderungen geprüft werden kann, teils *zuständlich*, so dass dies erst nach längeren Fristen sinnvoll ist, wie im Fall einer

---

[98] Hermann Schmitz, System der Philosophie, Band III, Teil 4, Bonn 1977, in Studienausgabe 2005, S. 258–308; Der Leib, der Raum und die Gefühle, Ostfildern 1998, 2. Auflage Bielefeld / Locarno 2007, S. 74–80.

[99] Hermann Schmitz, Heimisch sein, in: Die Stadt als Wohnraum, hg. v. Jürgen Hasse, Freiburg i. Br. / München 2008, S. 25–39.

Sprache, die ganz nur in einer Bedeutsamkeit aus Bedeutungen, die Sätze – Programme für Sprüche – sind, besteht. Gute Beispiele für Gefühle, die in eine zuständliche gemeinsame Situation eingebunden sind, sind die Liebe eines Liebespaares oder einer harmonischen Familie und das Rechtsgefühl eines Rechtsvolkes, das den aus Zorn und Scham stammenden Unrechtserfahrungen mit ganzheitlich-binnendiffuser Bedeutsamkeit einen Maßstab des Unerträglichen, das gemeinsam durch Vorbeugung oder Sanktion abgewendet werden muss, vorgibt.[100] Von solcher Art, von Situationen durchzogen und in sie eingebettet, sind auch die Gefühle, die die Atmosphäre einer Stadt bilden, und die zuständlichen Situationen, die sich durch sie über Bewegungssuggestionen, synästhetische Charaktere und solidarische Einleibung den Menschen in der Stadt mitteilen.

Unter den Gefühlen, die die Atmosphäre einer Stadt bilden können, möchte ich zum Schluss noch ein besonderes herausheben, nämlich die Trostlosigkeit und Verzweiflung der »Wüste eines düstern Zustandes«[101], nämlich der Stadtwüste einer hässlichen Großstadt mit langen Häuserzeilen, die lieblos, ohne Geist und Geschmack, in monotoner Reihe mit blassem, schmutzigem Grau hingesetzt sind. Dieses Gefühl wächst, wenn nasskaltes, trübes Wetter für die Stadt bezeichnend ist. In meiner Phänomenologie des Hässlichen[102] unterscheide ich vom ekelhaft Hässlichen das fade Hässliche, das ich mit solchen Städten als Beispiel belege und so beschreibe:

---

[100] Atmosphären im Alltag, hg. v. Stephan Debus und Roland Posner, Bonn 2007, S. 260–280; Hermann Schmitz: Gefühle als Atmosphären, darin S. 272–277: Gefühle in Situationen; zum Verhältnis von Gefühl und Situation in der Liebe: Hermann Schmitz, Die Liebe, Bonn 1993, S. 63–100: Liebe als Situation.

[101] Goethe, Maximen und Reflexionen, hg. v. Max Hecker, Weimar 1907, Nr. 1133: »Der Bürger dagegen in einer schlecht gebauten Stadt, wo der Zufall mit leidigem Besen die Häuser zusammenkehrte, lebt unbewusst in der Wüste eines düstern Zustandes; (…).«

[102] Hermann Schmitz, System der Philosophie, Band III, Teil 4 (wie Anmerkung 98), S. 664–666.

»Der quälende Eindruck, der sich (...) aufdrängt, hat unter solchen Umständen sicherlich mit der reihenden, sich mitunter fast endlos dehnenden Wiederholung zu tun, die für solche Straßenzeilen in Großstädten typisch ist. Auf diese Weise kommt nämlich Weite im Großen mit Enge, kleinlichen Formen, kraftloser Stumpfheit zusammen; so steht Enge abgerissen, unvermittelt gegen und in Weite, und es ergibt sich ein Eindruck, der dem Frösteln verwandt ist.«

Das Frösteln, im Gegensatz zum Frieren, habe ich in meiner Phänomenologie der Dämmerungsangst[103] als Reaktion auf die für manche Abendstimmungen charakteristische »neutrale Zone« der synästhetischen Charaktere zwischen Hitze und Kälte, die dem Betroffenen aggressiv auf den Leib rücken und dadurch den vitalen Antrieb anregen, beschrieben. In der neutralen Zone des Kühlen, Bleichen, Fahlen, Leisen, Langsamen herrschen dagegen synästhetische Charaktere privativer Weitung, so dass alles wie hinter Glas entrückt ist und die Richtungen leiblicher Zuwendung nicht mehr greifen; die Reaktion ist das Frösteln, das ich so beschreibe: »Frösteln ist Zurückschaudern in die Enge des Leibes angesichts einer als fremd umgebenden Weite.«[104] So fremd umgibt auch die Weite der faden Häuserzeilen in der hässlichen Großstadt die kleinliche Enge des Nächsten. Das Zurückschaudern in die Enge des Leibes, ein Riss im vitalen Antrieb mit Freisetzung von Engung, ist die typische Wirkung des Hässlichen nach meiner Analyse. Dazu kommt unter den Bedingungen des Fröstelns die reine Stimmung der Leere, die ich als Verzweiflung ausführlich untersucht habe.[105] Es handelt sich um ein Gefühl, das wie die Trauer bedrängend ist, aber nicht niederdrückend, sondern haltlos, mit der paradoxen Verführung zu

---

[103] Hermann Schmitz, System der Philosophie, Band III, Teil 1, Bonn 1967, in Studienausgabe 2005, S. 153–166; S. 154–159: Die synästhetischen Charaktere der Dämmerung.

[104] Ebd. S. 157.

[105] Hermann Schmitz, System der Philosophie, Band III, Teil 2, Bonn 1969, in Studienausgabe 2005, S. 219–244.

träger Unruhe, wie bei der *acedia* der Kirchenväter, dem *ennui* der Franzosen. Die Leere entsteht im hässlichen Häusermeer durch die Entfremdung der Weite, von der die vom kleinlichen Nächsten bedrängte Enge des Leibes abgeschnitten ist, allein gelassen, haltlos. Verzweiflung in diesem Sinn drängt sich manchmal durch Reflexion auf die Sinnlosigkeit des Lebens auf, aber auch spontan, und dann manchmal als unmittelbar aus der Atmosphäre aufsteigende Sinnlosigkeit, so in der kühlen und bleichen Abenddämmerung[106] und eben an einem nasskalten Morgen im hässlichen Häusermeer einer Großstadt oder auf dem Bahnhof.

---

106 Friedrich Ratzel, Glücksinseln und Träume, Leipzig 1905, S. 174: »Von allen Zeiten des Tages war mir der Spätnachmittag immer am wenigsten Freund. Die Stunden um fünf und sechs herum haben keinen rechten Charakter, sie verschwimmen zwischen dem hellen Nachmittag und dem grauen Abend, sie haben selbst etwas Hellgraues, Trübliches. (…) Im Herbst ist es besonders schlecht mit dieser Zeit bestellt, da ist gar kein Platz mehr für sie vor dem frühen Abend, sie führt nur noch ein Dämmerdasein, und leicht steckt sie uns mit dem Gefühl einer gewissen Zwecklosigkeit an.« Friedrich Nietzsche, Also sprach Zarathustra, Das Tanzlied: »Die Sonne ist schon lange hinunter, sagte er endlich; die Wiese ist feucht, von den Wäldern her kommt Kühle. Ein Unbekanntes ist um mich und blickt nachdenklich. Was! Du lebst noch Zarathustra? Warum? Wofür? Wodurch? Wohin? Wo? Wie? Ist es nicht Torheit, noch zu leben? – Ach, meine Freunde, der Abend ist es, der so aus mir fragt. Vergebt mir meine Traurigkeit!«

Landschaft als Wahrnehmungsweise

In diesem Aufsatz entfalte ich die These, dass etwas Landschaft wird nicht durch Zugehörigkeit zur sogenannten Natur und auch nicht durch eine spezielle ästhetisch-sentimentale Einstellung, sondern durch eine bestimmte Weise des Wahrnehmens. Um das zu verdeutlichen und zu erhärten, muss ich zunächst das Verständnis von Wahrnehmung revidieren. Dieses Verständnis wird heute von der Naturwissenschaft beherrscht. Demnach wäre Wahrnehmung der einzige Zugang von Informationen aus der Außenwelt zum Bewusstsein eines Bewussthabers in Gestalt von Signalen, die, als Licht- oder Materiewellen (im quantenphysikalischen Sinn) von Gegenständen ausstrahlend, auf Sinnesorgane treffen und von dort nach Umwandlung in elektrische Impulse über Nervenbahnen zum Gehirn geleitet werden, wo sie sich im Kreuzfeuer der Neuronen verlieren; dass ein Weg von da weiter zum Wahrnehmen und Bewussthaben führt, wird postuliert, ist aber eine empirisch nicht nachprüfbare Spekulation. Die Unzulänglichkeit dieses Modells für Wahrnehmung ist offensichtlich. Weder das Wahrgenommene noch das Wahrnehmen kommen darin vor. Das Wahrgenommene wird ersetzt durch Quantenfelder oder ähnliche Substrukte der Naturwissenschaft, und statt beim wahrnehmenden Bewussthaber endet die Signalkette im Gehirn, das eine zweideutige Rolle spielt: einerseits als naturwissenschaftliches Substrukt aus Elektronen, Atomen, Molekülen, Zellen usw., andererseits als das wahrnehmbare Gehirn, das nicht mehr der Signalkette angehört, sondern dem, was sich aus ihr im Bewusstsein (d.h. dem Bewusstgehabten) des Bewussthabers absetzen soll. Eine besondere Schwierigkeit hat das naturwissenschaftliche Modell mit der Konservierung der Information in der Signalkette: Eine ungeheuer große Menge von Signalen, z.B. Photonen, strahlt vom Gegenstand der Wahrnehmung aus; ein relativ sehr kleiner, aber absolut immer noch riesiger Bruchteil davon trifft die Netzhäute eines sehenden Individuums; ein winziger Bruchteil davon wandert in völlig verwandelter Gestalt durch die peripheren Nerven; ein winziger Bruchteil dieses Bruchteils kommt im Gehirn an und vermengt sich dort mit Signalen anderer Herkunft. Es ist nicht zu glauben, dass nach solchen Verlusten, Verschiebungen und Vermengungen etwas übrig bleibt, das dem Bewussthaber eine einigermaßen zuverlässige, für den Bedarf des lebendigen Umgangs genügende Auskunft darüber, womit er zu tun hat, geben könnte.

Der Kontrast zwischen dieser offensichtlichen Unzulänglichkeit und der überragenden Leistungsfähigkeit des naturwissenschaftlichen Modells ist so krass, dass sich ein Seitenblick auf die berechtigten Erwartungen an die Naturwissenschaft aufdrängt. Die Naturwissenschaft ist die Wissenschaft der schematischen Prognostizierbarkeit. Der Datenvorrat der Lebenserfahrung wird auf wenige Merkmalsorten eingeengt, die zur Bestätigung von Behauptungen mit Hilfe von Apparaten, die nach physikalischen Theorien konstruiert sind, verwendet werden. Es handelt sich um Merkmale wie Größe, Gestalt, Lage im Raum, Bewegungszustand und Bewegungsrichtung, die zuerst von Aristoteles als mehreren Sinnen gemeinsam aufgezählten, seit Locke »primär« genannten Sinnesqualitäten; sie sind besonders gut intermomentan und intersubjektiv identifizierbar, messbar und selektiv variierbar, daher für Experiment und Statistik geeignet. Auf dieser schematisch reduzierten Grundlage gelingen durch Zusatz erdachter Parameter und mathematischer Kalküle überraschend zuverlässige Prognosen im Bereich der unbelebten, mehr oder weniger auch der pflanzlich und tierisch belebten Natur als Leitschienen für das sich vortastende Probieren der Technik, manchmal auch für Warnungen; die Extrapolation dabei beobachteter Regelmäßigkeiten zu allgemeinen Naturgesetzen erlaubt zudem Rückschlüsse auf ein vergangenes und gegenwärtiges Umfeld. Auf diese Weise konstruiert die Naturwissenschaft zu der Welt, in der wir leben, ein Paralleluniversum, das durch ungeheure Erweiterung des menschlichen Vorblicks und lehrreiche Fütterung menschlicher Neugier im Rückblick den Horizont der Orientierung nicht nur erweitert, sondern auch durch vielfältig sich bewährende Markierungen mit festen Bestimmungen absteckt. Dass dieses Paralleluniversum mit der Welt, in der wir leben, inhaltlich gleichwohl recht wenig zu tun hat, ergibt sich aus Überlegungen, die ich kürzlich breit ausgeführt habe[107] und jetzt simplifizierend in zwei Punkten knapp skizzieren will.

1. Die Naturwissenschaft kennt nur Seiendes; wir leben dagegen in einer modalzeitlichen Welt, in der einiges ist, anderes noch nicht und anderes nicht mehr ist. Auf diese modalzeitliche Wirklichkeit ist die Naturwissenschaft angewiesen, weil ihre Beweismethode das Experiment ist, das nur funktioniert, wenn man am Anfang *noch nicht* weiß, was herauskommt, so dass dann der Kenntnisstand *nicht mehr* der alte ist. Sie kann die modalzeitlichen Unterschiede daher nicht, ohne sich selbst aufzuheben, als illusorisch hinstellen, aber auch nicht begreifen, denn sie hat keinen Begriff von Vergangenheit, Gegenwart und Zukunft. Beweis: Sie hat keinen Zugang zu dem Vorzug, den das dritte Jahrtausend christlicher Zeitrechnung vor allen anderen Jahrtausenden dadurch besitzt, dass es die Gegenwart beherbergt, d.h. die Masse alles dessen, was ist in der Weise, nicht mehr noch nicht und noch nicht nicht mehr zu sein. Sie handelt also von einer Welt, die von der Welt, deren wirklichen Bestand sie für die Begründbarkeit ihrer Behauptungen voraussetzen

[107] Hermann Schmitz, Jenseits des Naturalismus, Freiburg i. Br. / München 2010, S. 24–72: Grenzen des naturwissenschaftlichen Erkennens; Gibt es die Welt?, Freiburg i. Br./München 2014, S. 110–130

muss, nämlich von unserer modalzeitlichen Erfahrungswelt, verschieden ist.

2. Die Naturwissenschaft beschäftigt sich mit Einzelnem. Einzeln ist, was eine Anzahl um 1 vermehrt. Anzahlen sind Eigenschaften (Eignungen[108]) von Mengen, Mengen Umfänge von Gattungen; einzeln kann daher nur sein, was Element einer Menge und Fall einer Gattung ist. Gattungen sind aber keine naturwissenschaftlichen Gegenstände, sondern etwas, das der Naturwissenschaftler zu diesen hinzudenkt, um sie auf Begriffe zu bringen, ohne sagen zu können, wie sie in die Natur hineinkommen. Dieses Unvermögen liegt an einem verkehrten Ansatz des Konkreten. Konkret oder zunächst gegeben sind bedeutsame Situationen, aus deren binnendiffuser Bedeutsamkeit die Menschen durch satzförmige Rede Bedeutungen (Sachverhalte, Programme, Probleme) und damit Gattungen herausholen. Die Naturwissenschaft geht von einzelnen, an sich bedeutungslosen Sinnesdaten (Ereignissen, Zuständen) aus, als ob solche von vornherein vorlägen und nicht erst an dritter Stelle, nach den Situationen mit binnendiffuser Bedeutsamkeit und den aus ihnen mit sprachlichen Mitteln herausgeschälten Gattungen.

Die Naturwissenschaft errichtet ihr Gedankengebäude mit so gewaltigem Aufwand von Scharfsinn und Sorgfalt, dass man triftigen Anlass hat, ihren Aufstellungen Glauben zu schenken und sich bei Prognosen im Allgemeinen danach zu richten; nur darf man dieses hypothetisch konstruierte Gebäude nicht mit der Erfahrungswelt verwechseln, ganz besonders nicht im Bereich der Wahrnehmung, deren wichtigste Gehalte – der spürbare Leib und die leibliche Kommunikation, die bedeutsamen Situationen mit verschiedenen Typen, die Atmosphären des Ge-

---

[108] Hermann Schmitz, Kritische Grundlegung der Mathematik, Freiburg i. Br. / München 2013, S. 23–31: Zahl.

fühls, die Halbdinge mit unterbrechbarer Dauer und einer Kausalität ohne Unterschied zwischen Ursache und Einwirkung, die Bewegungssuggestionen und synästhetischen Charaktere[109] – schon in der antiken Philosophie seit Demokrit, Platon und Aristoteles, erst recht aber in der Naturwissenschaft unter den Tisch gefallen sind. Man darf nicht hoffen, die Wahrnehmung selbst mit Hilfe der Naturwissenschaft studieren zu können, sondern diese hat es nur mit obligatorischen Begleitvorgängen zu tun, die sich zur Wahrnehmung etwa so verhalten, wie die Klaviermusik zur Stimme einer Sängerin beim Erklingen einer Schallplatte. Eine um Adäquatheit bemühte Phänomenologie der Wahrnehmung muss von deren seit der Antike vergessenen Beständen ausgehen, hauptsächlich von der leiblichen Kommunikation. Da ich diese und ihre Grundlage im eigenleiblichen Spüren eben erst noch einmal breit und eingehend behandelt habe[110], kann ich mich hier kurz fassen, muss aber das Wichtigste, sofern es für ein Verständnis des Folgenden unerlässlich ist, noch einmal knapp zusammenfassen.

Unter dem Leib (eines Menschen oder Tieres) verstehe ich den Inbegriff der leiblichen Regungen, d.h. alles dessen, was jemand von sich, als zu sich selbst gehörig, in der Gegend (nicht immer in den Grenzen) seines Körpers spüren kann, ohne sich der fünf Sinne und des aus ihren Erfahrungen (besonders denen des Sehens und Tastens) gebildeten perzeptiven Körperschemas (der habituellen Vorstellung vom eigenen Körper) zu bedienen. Dazu gehören erstens die bloßen leiblichen Regungen (wie Schreck, Angst, Schmerz, Hunger, Durst, Wollust, Ekel, Frische, Müdigkeit), zweitens die leiblichen Regungen, die affektives Betroffensein von Gefühlen sind, drittens die spürbare Motorik (Gehen, Tanzen, Schwimmen, Zittern, Zucken, Schlucken usw.)

[109] Überblick z.B. in: Hermann Schmitz, Kurze Einführung in die Neue Phänomenologie, Freiburg i.Br. / München 2009, 4. Auflage 2014; Was ist Neue Phänomenologie? Rostock 2003.

[110] Hermann Schmitz, Der Leib, Berlin 2011, S. 7–13: Die Ausdehnung des Leibes, 15–27: Die Dynamik des Leibes, 29–53: Leibliche Kommunikation.

und viertens die unumkehrbar aus der Enge in die Weite führenden leiblichen Richtungen wie der Blick. Der Leib ist in einem flächenlosen Raum, wie der Schall und die einprägsame Stille, mit dynamischem (nicht dreidimensionalem) Volumen ausgedehnt; dieses Volumen ist gewöhnlich verteilt auf ein diskretes Gewoge verschwommener Leibesinseln. Außer den auf diesen untergebrachten teilheitlichen leiblichen Regungen gibt es die ganzheitlichen wie Frische und Mattigkeit (Schwunglosigkeit, Erschlaffung), Behagen und Missbehagen, die Launen des Morgens (muntere oder mühsam anlaufende Lebendigkeit) usw. Dynamisch ist das leibliche Volumen durch den vitalen Antrieb, in dem Engung als Spannung mit Weitung als Schwellung verschränkt ist; wenn die Engung aushakt, wie im heftigen Schreck, ist der Antrieb erstarrt und gelähmt, und wenn die Weitung aus dem Verband ausläuft, wie beim Dösen oder Einschlafen und nach der Ejakulation, ist er erschlafft. Die Bindung kann kompakt (zäh) oder rhythmisch sein: in Angst (rhythmisch) und Schmerz (kompakt), gehemmten expansiven Impulsen, überwiegt die Spannung, in Wollust (rhythmisch) und Zorn (kompakt) die Schwellung. Aus der Spannung kann Engung (privative Engung, Schreck) abgespalten werden, aus der Schwellung Weitung als privative Weitung (z. B. als Erleichterung, wohltätige Müdigkeit); wenn sich der vitale Antrieb aber vollständig zersetzt, schwindet das Bewusstsein. Leibliche Richtung führt unumkehrbar aus der Enge in die Weite und kann in die Weitung Engung mitnehmen. Unabhängig von, aber noch verwandt mit, Engung und Weitung wird der Leib von epikritischer (schärfender, zuspitzender) und protopathischer (verschwommen ausstrahlender) Tendenz durchzogen.

Aus dieser leiblichen Dynamik entspringt die leibliche Kommunikation in zwei Formen, als Einleibung im Kanal des vitalen Antriebs und als Ausleibung im Kanal privativer Weitung. Einleibung besteht darin, dass ein Leib entweder mit Begegnendem (externe Einleibung) oder auf Grund einer Spaltung in sich (interne Einleibung, Schmerz, Schwangerschaft) durch einen vitalen Antrieb, der beide Seiten umfasst, verbunden ist. Sie kommt nicht nur unter Leibern, sondern auch im Verhältnis zwischen Leib und Leiblosem vor. Das wird möglich durch leibnahe Brückenqualitäten, die sowohl am eigenen Leib gespürt als auch an begegnenden Gestalten wahrgenommen werden können. Solche Brückenqualitäten sind Bewegungssuggestionen und synästhetische Charaktere. Bewegungssuggestionen sind Vorzeichnungen oder Anmutungen von Bewegungen, die an ruhenden oder bewegten Gestalten oder an Bewegungen, aber immer über das Ausmaß der ausgeführten Bewegung hinaus, wahrgenommen und am eigenen Leib gespürt werden. Der Rhythmus ist eine solche Bewegungssuggestion, nämlich die einer (namentlich akustischen, aber auch optischen oder semantischen) Sukzession bloß als solcher zukommende; weil er eine leibnahe Brückenqualität ist, werden Gedichte, die »unter die Haut« gehen sollen, eher in rhythmischer (oder den Rhythmus noch verstärkender gereimter) Versform als in der minder rhythmischen Prosa verfasst. Synästhetische Charaktere sind intermodale Eigenschaften, die oft, aber nicht immer, den Namen spezifischer Sinnesqualitäten tragen, aber als Weite, Gewicht und Dichte einprägsamer Stille auch ohne solche auskommen, z. B. das Scharfe, Grelle, Sanfte, Spitze, Helle, Harte, Weiche, Warme, Kalte, Schwere, Massige, Zarte, Dichte, Glatte, Raue der Farben, Klänge, Gerüche, des Schalls und der Stille, des hüpfenden und schleppenden Ganges, der Freude, des Eifers, der Schwermut, der Frische und Müdigkeit. Das Vermittelnde zwischen Gestalten, Qualitäten, leiblichen Regungen und Gefühlen ist in allen diesen Fällen die Leibnähe und Leibverwandtschaft. Der Gang eines Menschen wird als flink, gespannt, geschmeidig, leicht oder als schleppend, schleifend, schwerfällig, wuchtig, schlaff, plump sowohl von ihm am eigenen Leib gespürt als auch vom Mitmenschen wahrgenommen; daran sind Bewegungssuggestionen und synästhetische Charaktere beteiligt.

Die Einleibung kann antagonistisch oder solidarisch sein, je nach dem, ob sie mit Zuwendung mindestens eines Partners zu einem anderen verbunden ist oder ohne solche auskommt. Bei solidarischer Einleibung sind mehrere Leiber (Menschen oder Tiere) durch einen gemeinsamen Antrieb zusammengeschlossen, ohne dass einer sich dem anderen zuwendet, Menschen etwa bei Aufruhr, Panik, stürmischem Mut einer Truppe, gemeinsamem Singen, Rudern und Musizieren, unter dem Einfluss rhythmischen Rufens, Klatschens und Trommelns; sie hat für Wahrnehmung weniger Wichtigkeit als die antagonistische Einleibung. Diese kann einseitig und wechselseitig sein. Bei einseitiger Einleibung dominiert beharrlich der Partner, dem der andere sich zuwendet, weil die dominante Seite des gemeinsamen Antriebs dessen Engepol besitzt, von dem die unumkehrbaren Richtungen, die den Partner einfangen, ausgehen. Einseitige Einleibung liegt immer vor, wenn man von etwas gefesselt ist und daran hängt, angezogen oder auch (wie bei Ekel) abgestoßen, und davon nicht loskommt. Ein gutes Beispiel ist das geschickte Ausweichen vor einer in drohender Näherung gesehenen wuchtigen Masse, das gelingt, obwohl man den nicht gesehenen eigenen Körper nicht der Lage und dem Abstand nach darauf einstellen kann, weil sich der Blick wie gebannt an das drohende Objekt hängt und die Bewegungssuggestion, die dessen bevorstehenden Kurs anzeigt, in das motorische Körperschema[111], zu dessen unumkehrbaren Richtungen er selbst gehört, so überträgt, dass unter dessen Führung das Ausweichmanöver gelingt. Bei wechselseitiger Einleibung fluktuiert die Dominanzrolle mit Wandern des Engepols, z. B. beim Blickwechsel, im Gespräch, beim Ballspiel, im gegenseitigen Hochschaukeln der Bewegungsimpulse von Reiter und Pferd, Fahrer und Motorrad oder Auto. Wechselseitige Einleibung ist die Quelle des unwillkürlichen Eindrucks, mit einem anderen Bewusstthaber zu tun zu haben, der von Konrad Lorenz so genannten Du-Evidenz.

---

[111] Zum motorischen Körperschema vgl. z. B.: Was ist Neue Phänomenologie? S. 30–34.

Wichtig ist noch die Unterscheidung von latenter und patenter Einleibung. Die Einleibung ist patent, wenn der gemeinsame vitale Antrieb in teilheitlichen Regungen auf einzelnen Leibesinseln gespürt wird, dagegen latent, wenn er sich nur in den ganzheitlichen Regungen abspielt. Bei latenter Einleibung ist man gespannt oder lässig, eifrig oder angeödet, bei der Sache, aufgeschlossen und wie beflügelt oder schwerfällig und mühsam, ohne etwas davon speziell hier oder dort, etwa als dumpfen Kopf oder Stich in den Eingeweiden, zu spüren; man geht mehr oder weniger mit. Die häufige Leibvergessenheit besteht darin, dass die leibliche Dynamik sich nur noch in latenter Einleibung abspielt.

Einleibung ist Ausweitung des innerleiblichen Dialogs von Engung und Weitung, der der vitale Antrieb ist, auf partnerschaftliche Verhältnisse. Ausleibung entsteht, wenn aus der Schwellung, der im vitalen Antrieb an Engung gebundenen Weitung, privative Weitung abgespalten wird und die Engung in gestalt- und maßlose Weite mitzieht; man kann sie als leibliche Kommunikation mit solcher Weite charakterisieren. Ich habe gezeigt, dass die menschliche Person ihre Fähigkeit, etwas mit sich zu identifizieren (sich etwas zuzuschreiben, sich als Fall von Gattungen zu verstehen), einer vorangehenden nicht identifizierenden Kenntnis von sich verdankt, die im Maximum leiblicher Enge verankert ist, wenn der plötzliche Einbruch des Neuen Dauer zerreißt und eine Gegenwart exponiert, in der ich nur noch hier jetzt dieses in völliger Verschmelzung bin, aber nicht mehr Fall von etwas, als das ich mich verstehen könnte.[112] Dieser Ursprung von Sichbewussthaben und absoluter Identität, der aller leiblichen Engung als extreme Möglichkeit vorschwebt, läuft in der Ausleibung in einen Zustand der Versunkenheit aus. Ein Beispiel ist die Autobahntrance, die den Fahrer auf langen, geraden, monotonen Strecken in Gefahr bringt, nach Verlust der

---

[112] Hermann Schmitz, Bewusstsein, Freiburg i. B. / München 2010, S. 24–39: Identifizierendes und nicht identifizierendes Sichbewussthaben.

wachen Aufmerksamkeit die Herrschaft über sein Fahrzeug zu verlieren. Zu Unrecht führt Alfred Katzenstein sie auf die bloße »Monotonie der Eindrücke« unter dem Zwang, wach zu bleiben, zurück[113], denn wenn der Fahrer denselben Weg zu Fuß zurückgelegt hätte, würde er trotz ebensolcher Monotonie kaum die Kontrolle verloren haben, weil das andauernde Marschieren seinen vitalen Antrieb aktiviert hätte; dem Autofahrer wird seine bequeme Sitzlage zum Verhängnis, die solche Aktivierung verhindert und dadurch der Weitung Gelegenheit gibt, aus der Verschränkung mit der Engung privativ auszulaufen und diese mitzunehmen. Einen Zwischenzustand vor dem völligen Selbstverlust in Ausleibung bescheinigt Goethe seiner Romanfigur Ottilie in *Die Wahlverwandtschaften* beim Besuch einer Kapelle:

> »Endlich setzte sie sich auf einen der Stühle, und es schien ihr, indem sie auf und umher blickte, als wenn sie wäre und nicht wäre, als wenn sie sich empfände und nicht empfände, als wenn dies alles vor ihr, sie vor sich selbst verschwinden sollte; und nur als die Sonne das bisher sehr lebhaft beschienene Fenster verließ, erwachte Ottilie vor sich selbst und eilte nach dem Schlosse.«[114]

Der Sonnenglanz im Fenster hat sie in ihrer Entrückung gehalten, und in der Tat ist Starren in Glanz eine der wichtigsten Versuchungen zur Ausleibung. Der mittelalterliche Mystiker Heinrich Seuse empfängt seine Berufung beim einsamen Besuch einer Kapelle am St. Agnes-Tag:

> »Was er da sah und hörte, lässt sich nicht in Worte fassen. Es hatte weder Form noch besondere Art und hatte doch aller Formen und Arten freudenreiche Lust in sich. Des Dieners Herz verlangte danach und fühlte sich doch gestillt, sein Sinn

[113] Hypnose. Aktuelle Probleme in Theorie, Experiment und Kritik, hg. v. Alfred Katzenstein, Jena 1971, S. 81.
[114] Die Wahlverwandtschaften, 2. Teil, 3. Kapitel.

> war friedvoll und bewegt, Wünschen war ihm entfallen, Begehren entschwunden; er starrte nur in den hellen Abglanz, in dem er sich selbst und alles um sich vergaß.«[115]

Im Auslaufen der in der Enge des Leibes verankerten absoluten Identität, selbst und verschieden zu sein, ereignet sich in der Ausleibung eine Entdifferenzierung aller Formen und Arten, die beim Starren in Glanz auf paradox scheinende Weise aus intensiver Konzentration auf einen Lichtreiz hervorgeht. Die scheinbare Unverträglichkeit beruht auf einem verstehbaren Zusammenhang zwischen Ausleibung und einseitiger Einleibung. Die Passivierung des auf den dominanten Partner einseitig fixierten Teilnehmers begünstigt dessen Selbstverlust beim Auslaufen der Enge in privativer Weitung. Fixierung und Selbstverlust passen wie in der Hypnose, die für den Hypnotisierten selbst Ausleibung ist, zusammen.

Dieser Zusammenhang von Konzentration und Ausleibung gestattet auch verstehenden Zugang zur Produktivität der Ausleibung, nicht nur ein Verschweben und Verschwimmen in Weite zu sein, sondern auch absolute Eindrücke mit einer Intensität zu präsentieren, die anders nicht erreichbar ist. Ich nenne einen Eindruck »absolut«, wenn er, gelöst von lokaler, dinglicher und situativer Einbindung in das momentane Umfeld, als reine Art vor der Inkarnation zu diesem oder jenem Einzelfall, aber desto eindringlicher und prägnanter begegnet. Von dieser Art ist die »sinnliche Ichhaltung«, die Hedwig Conrad-Martius durch »vollständige Gelöstheit, Inaktivität und Entspanntheit« charakterisiert, wenn nur noch »der Wind, der mich umspielt, die Wärme, die mich einhüllt, der Duft, der in mich eingeht« gespürt wird.[116] Wind, Wärme, Duft, wie sie bei entspannt genießender Lagerung im Freien eines angenehmen Sommertages genossen

---

[115] Heinrich Seuse, Deutsche mystische Schriften, aus dem Mittelhochdeutschen übersetzt von Georg Hofmann, Düsseldorf 1966, S. 20f. (Das Leben des seligen Heinrich Seuse, 2. Kapitel).

[116] Jahrbuch für Philosophie und phänomenologische Forschung, Band III,

werden, sind solche absoluten Eindrücke. Bei einer solchen Gelegenheit hat Ernst Mach, darin Heinrich Seuse ähnlich, die mystische Einweihung zu seinem das Ich auflösenden[117] Positivismus erhalten:

> »An einem heitern Sommertage im Freien erschien mir mit einmal die Welt samt meinem Ich als eine zusammenhängende Masse von Empfindungen, nur im Ich stärker zusammenhängend. Obgleich die eigentliche Reflexion sich erst später hinzugesellte, so ist doch dieser Moment für meine ganze Anschauung bestimmend geworden.«[118]

Tibetische Einsiedler suchen eine solche Erfahrung methodisch auf:

> »Um bei der Betrachtung der Sonne und des Himmels, die zu ihren täglichen Übungen gehört, nichts als den Himmel zu sehen und durch kein Gebilde im Gesichtsfeld gestört zu werden, legen sie sich auf den Rücken. Der Brauch soll zur Verzückung führen und ›ein Gefühl unbeschreiblicher Verbundenheit mit dem Weltall herstellen‹.«[119]

Die Entdifferenzierung – bei Mach als Verschmelzung von Ich und Welt in eine einzige Masse von Empfindungen –, der Selbstverlust und die ekstatische Ergossenheit verbinden sich hier mit den absoluten Eindrücken von Wärme und Licht bis hin zum himmlischen Leuchten. Entsprechendes gilt für den vertieften sinnlichen Genuss, der sich auf Qualitäten als reine Arten einstellt, etwa auf das Schmecken subtiler Weinaromen oder das sanfte Streichen über zarte Stoffe wie Pelz, Haut, japa-

---

1916, S. 404 (Hedwig Conrad-Martius: Zur Ontologie und Erscheinungslehre der realen Außenwelt).

117 »Das Ich ist unrettbar.« (Ernst Mach, Die Analyse der Empfindungen, 3. Auflage, Jena 1902, S. 19).

118 Ebd. S. 23

119 Thomas Ohm, Die Gebetsgebärden der Völker und das Christentum, Leiden 1948, S. 185 f.

nisches Papier. Auch diese Hingabe ist Ausleibung, auch sie hat es nicht mit dem flüssigen Ding da im Weinglas zu tun, sondern mit dem Aroma als herausgeschmeckter Art.

Die Versunkenheit in der Ausleibung kann also, sofern diese konzentriert bleibt, zugleich eine Vertiefung sein, die dem Gegenstand prägnante absolute Eindrücke abgewinnt, aber nur als Arten, auf Kosten der Detailgenauigkeit der Einzelfälle, der Individuen, die nicht wieder Fälle unter sich haben. Diese Entdifferenzierung ist zugleich eine Befreiung aus der Verstrickung in die unübersichtlichen Ansprüche des gewöhnlichen Lebens, das Zutunhaben mit allerlei. Darin berührt sich die Ausleibung mit dem Erleben der Landschaft, und diese Berührung ist kein Zufall. *Das Spezifische der landschaftlichen Darbietung von etwas ist die Verschiebung der leiblichen Kommunikation, die Wahrnehmung ist, von der Einleibung zur Ausleibung.* Deswegen gehört zu einer Landschaft, die sich dem Blick öffnet, fast immer auch eine Weite, in der sich der Blick verlieren kann. Im reinen Fall geht solches Erleben ganz in Ausleibung über. Das ist der Fall in dem Zustand, den Nietzsche in den vier ersten Zeilen seines sechszeiligen Gedichtes *Sils Maria* festgehalten hat

> Hier saß ich, wartend, wartend, – doch auf Nichts,
> Jenseits von Gut und Böse, bald des Lichts
> Genießend, bald des Schattens, ganz nur Spiel,
> Ganz See, ganz Mittag, ganz Zeit ohne Ziel.[120]

Der Dichter ist in der gelösten sinnlichen Ichhaltung nach Conrad-Martius dem Spiel von Licht und Schatten hingegeben, versunken in die Landschaft, die sich ihm auf die absoluten Eindrücke von See, Mittag und endloser Zeit zusammenzieht, ohne

---

[120] Werke, Kritische Studienausgabe von Colli und Montinari, als Taschenbücher Berlin 1980, Band III, S. 649 (Die fröhliche Wissenschaft. Lieder des Prinzen Vogelfrei).

Ablenkung und Aufgliederung in Einzelfälle, so dass er das, worin er so versunken ist, ganz sein kann; mit der bewertenden Verteilung des thematischen Stoffes, mit Gut und Böse, hat er nichts zu tun, da er ungeteilt ganz das sein kann, in dem er aufgeht. Die räumliche Weite, in die sich die Enge des Leibes bei der Ausleibung ergießt, wird hier ersetzt durch die zeitliche Grenzenlosigkeit des Wartens. Dieser exemplarische Fall von Ausleibung in eine Landschaft lässt erkennen, wie Landschaft heilen kann, nämlich durch Entlastung von der verstrickenden Einleibung des Zutunhabens mit Begegnendem und Bedrängendem als Offenwerden für die Vertiefung des Eingehens in ungeteilte Eindrücke absoluter Qualitäten. Was man sonst nur in zerstreuten Anwendungen teilweise mitbekommt, ist in dieser Vertiefung mit einem Schlage ganz da. Das Erfahren streckt sich, wird groß und ganz, verliert den kurzen Atem wechselnder Zuwendungen an die Facetten des Andrangs.

Dafür ist aber nötig, dass die Ausleibung sich nicht in maßlose Weite verströmt, wie bei der gefährlichen Autobahntrance, sondern gesammelt bleibt, wozu ihr die besprochene Verbindung mit einseitiger Einleibung Gelegenheit gibt; andernfalls bleibt von ihr, auch wenn ein Unfall vermieden wird, die schaudernde Erinnerung des Untergangs in einen Abgrund, wie Hegel in seinem 1796 an Hölderlin gerichteten Gedicht *Eleusis* beschreibt.

Mein Aug' erhebt sich zu des ew'gen Himmels Wölbung,
Zu dir, o glänzendes Gestirn der Nacht!
Und aller Wünsche, aller Hoffnungen
Vergessen strömt aus deiner Ewigkeit herab.
Der Sinn verliert sich in dem Anschaun,
Was mein ich nannte, schwindet,
Ich gebe mich dem Unermeßlichen dahin,
Ich bin in ihm, bin alles, bin nur es.

Dem wiederkehrenden Gedanken fremdet,
Ihm graut vor dem Unendlichen, und staunend faßt
Er dieses Anschauns Tiefe nicht.[121]

So ähnlich erging es angesichts einer in maßlose Weite sich ausbreitenden Landschaft einem Katalonien bereisenden Engländer, von dem Hirschfeld in seiner *Theorie der Gartenkunst* (Leipzig 1779 ff.) berichtet, auf dem Berge Monserrat. »Von der Kapelle dort«, so Hirschfeld, biete sich ein »fürchterlicher Anblick«: »Von ihren beyden Türmen eröffnet sich ein unermeßlicher Schauplatz, der für einen Menschen aus dem flachen Lande zu stark ist.«[122] Die Landschaft braucht einen Rahmen, der dem Blick in die Weite entlastende Führung gibt, damit die Ausleibung nicht in den Abgrund maßloser Weite entgleitet. Besonders günstig ist dafür die Perspektive des Fahrgastes, der hinter einer Glasscheibe im Zug oder Auto entspannt die durchfahrene Landschaft an sich vorübergleiten lässt. Die für Ausleibung charakteristische Entdifferenzierung des Details macht sich in einem Gewichtsverlust der gesehenen Einzelobjekte bemerkbar. Die Dinge bleiben, verlieren aber an Gewicht gegenüber schwebenden, mehr ganzheitlich ergossenen Merkmalen des Panoramas, wie der Beleuchtung, dem verschwimmenden Hintergrund und dergleichen. Die Natur wird zum Bilderbuch, man sieht etwa in ein hübsches Tal in warmem Sonnenlicht mit einzeln stehenden Häusern und grasenden Kühen hinein, oder das Land liegt in einer trüben Atmosphäre da, Rauch zieht in bleiernes Grau eines diesigen Morgens usw. Ungeachtet des Wechsels der Szenen, durch diese hindurch, behält der Blick, von der Umrahmung eingestellt, seine gleichmäßige Richtung in die Tiefe des Raumes, wie gebannt von der Weite, die alles Vordergründige durchscheint.

[121] Hegel, Frühe Schriften, Suhrkamp-Taschenbuch Wissenschaft 601, Frankfurt a. M. 1971, S. 230 f.

[122] Frankfurter Allgemeine Zeitung vom 2. März 1995, Reiseblatt Seite R 4 (Friedemann Schmoll: Der weite Blick macht schwindlig).

Bollnow beschreibt diese schienende Leistung des Fensters für den Blick mit den Worten: »Fensterrahmen und Fensterkreuz (…) schneiden einen bestimmten Ausschnitt aus der Umwelt heraus und machen ihn zum ›Bild‹.«[123] Der Bedarf nach dieser Schienung war schon den Römern empfindlich. Cicero erwidert dem Atticus auf dessen Vorwurf, die Fenster seiner Villa seien zu eng: Wenn das Sehen ein Empfang von Bildern wäre, die von den gesehenen Objekten zum Auge gelangen, wären enge Fenster in der Tat von Übel, da sich die vielen Bilder dort stauen würden; da es sich jedoch um ein sich ausbreitendes Vordringen der Blicke zu den Objekten handle, würden umgekehrt weite Fenster einen unangenehmen Eindruck machen.[124] Die Blicke bedürfen hinlänglich straffer rahmender Zusammenfassung. Wie wichtig diese Schienung für die architektonische Anlage des Ausblicks im Bauen der Römer war, hat Heinrich Drerup herausgearbeitet: »Die Dinge verändern sich in Requisiten eines für das betrachtende Auge hergerichteten Blickfeldes, sie werden zur Szenerie, die durch die vier Seiten des Fensters bildhaft begrenzt ist.«[125] »Die landschaftlichen Gegenstände (…) werden (…) von den Rändern des Ausschnitts her als einheitliches Bild erfasst (…).«[126] Dasselbe Bedürfnis begegnet wieder in der Gartenkultur des 18. Jahrhunderts, wie Goethe sie im Anfang von *Die Wahlverwandtschaften* aus der Perspektive eines in jene Zeit, ins *ancien régime*, versetzten adligen Landeigentümerpaares darstellt: »An der Tür empfing Charlotte ihren Gemahl und ließ ihn dergestalt niedersitzen, dass er durch Tür und Fenster die verschiedenen Bilder, welche die Landschaft gleichsam im Rahmen zeigten, auf einen Blick übersehen konnte.«

123 Otto Friedrich Bollnow, Mensch und Raum, Stuttgart 1963, S. 162.

124 Cicero an Atticus 23 (II 3), 2.

125 Heinrich Drerup, Bildraum und Realraum in der römischen Architektur, in: Mitteilungen des deutschen archäologischen Instituts, Römische Abteilung, Band 66, Heidelberg 1959, S. 146–174, hier S. 150, mit Belegen 150f.

126 Ebd. S. 152.

Worauf es dabei ankommt, beschreibt auf der ersten Seite des Romans der Gärtner:

> »Man hat einen vortrefflichen Anblick: unten das Dorf, ein wenig rechter Hand die Kirche, über deren Turmspitze man fast hinwegsieht; gegenüber das Schloß und die Gärten. (…) Dann, fuhr der Gärtner fort, öffnet sich rechts das Tal, und man sieht über die reichen Baumwiesen in eine heitere Ferne. Der Steg die Felsen hinauf ist gar hübsch angelegt. Die gnädige Frau versteht es; man arbeitet unter ihr mit Vergnügen.«

Die Dinge werden gleichsam nicht ernst genommen, als das, was sie in gegenständlicher Nähe sind und vom Umgang verlangen; sie dienen nur noch als Staffage eines Landschaftstheaters, als harmlose Blickfänge für einen flüchtig verweilenden, in die Ferne schweifenden Blick.

Wer Bilder sehen kann, sieht rahmend, und wenn dieses Können ausgereift ist, braucht er keine künstlichen Rahmen mehr, sondern kann sich das Bild mit dem eigenen Blick ausschneiden. Der Erwerb dieser Kunst ist in der Geschichte des Sehens eine Revolution, die im 18. Jahrhundert einsetzt und auf der Schulung des Blicks einer gebildeten Schicht an den Landschaftsbildern von Claude Lorrain, Poussin dem Jüngeren (d. i. Gaspard Dughet) und Salvator Rosa beruht. Die jungen Connaisseurs der englischen Gentry reisen auf ihrer Kavalierstour, der Grand Tour durch Frankreich über die Alpen nach Rom, bewaffnet mit einem seltsamen Hilfsmittel, um die Aussicht recht genießen zu können: einer Art Konvexspiegel, mit Anspielung auf Claude Lorrain »Claude Glass« genannt und genützt, um sich die jeweils eingefangene Naturszene als Amphitheater – mit einer Lieblingsmetapher der Zeit – zurechtzumachen.[127] Auf diese Weise wird der Fensterrahmen in die Hand genommen, das rah-

[127] Gisela Dischner, Ursprünge der Rheinromantik in England, Frankfurt a. M. 1972, S. 41–50.

mende Sehen als eigene Leistung eingeübt. Diese »pittoreske«[128] Betrachtungsweise wurde am Lake District in Cumberland eingeübt und dann auf den Rhein übertragen; sie beeinflusste auch die offene – auf eine Rahmung verzichtende – englische Landschaftsgärtnerei, so dass die malerischen Gegenden des Rheinlaufs dem Connaisseur wie große Landschaftsgärten vor Augen treten konnten.[129] Am Ende dieser Entwicklung steht Achim v. Arnim, der 1802, von einem Aussichtspunkt am Eichenhang in eine prächtige Szenerie des Rheintals hinabschauend, sich darüber mit dem stolzen Selbstbewusstsein erhebt: »(…) und wir auf der Höhe nähren uns von alledem, als wenn es aus uns hervorgegangen wäre, als aus dem ewigen schöpfenden Geiste.«[130] Abgesehen von der zeitgenössischen idealistischen Metaphysik eines ewig schöpfenden Geistes ist das insofern richtig, als der Blick, wenn er die Landschaft als Bild auffasst, dieses mit rahmendem Sehen sich zurechtgemacht hat.

Offenbar ist diese neue Kunst des Sehens auch anderen Lebensformen zugutegekommen. Nach 1709 galten in England Spaziergänge zur Betrachtung des Sonnenuntergangs als lächerliches *pudendum*.[131] »Merkwürdig spät ist die Sommerfrische und das Reisen in die Natur, als Selbstzweck statt als Nebenerscheinung bei dem Reisen nach heilsamen Bädern und von Berufs wegen, in die Erscheinung getreten.«[132] Joseph Addison, der 1701–1703 u. a. die Schweiz bereist, verurteilt die Alpen, die seine »Seele mit einer angenehmen Art von Schauder erfüllen«,

---

[128] Das Wort, das namentlich auf die wild-abenteuerlichen Bilder Salvator Rosas Bezug nimmt, wurde ab 1782 durch Gilpin populär (H. F. Clark, The English Landscape Garden, London 1948, S. 32).

[129] Dischner, wie Anmerkung 127, S. 40 f., 51, 89.

[130] Ludwig Achim v. Arnim an Gräfin Schlitz, 28. VII. 1802, in: Achim v. Arnim und die ihm nahe standen, Band I: Achim v. Arnim und Clemens Brentano, bearbeitet von Reinhold Steig, Stuttgart 1894, S. 35.

[131] Beleg bei Levin L. Schücking, Die puritanische Familie in literatur-soziologischer Sicht, Bern / München 1964, S. 133.

[132] Friedrich Rauers, Kulturgeschichte der Gaststätte, Berlin 1942, S. 909, Genaueres S. 909–917.

als »eine der unregelmäßigsten, missgestaltetsten Szenen in der Welt«, findet sie aber schön, als er sie von der Terrasse der Berner Kathedrale aus der Ferne betrachtet.[133] Spaziergänge zum Sonnenuntergang sind offenbar erst dann reizvoll, wenn der Mensch fähig ist, den optischen Andrang der Umgebung so zu vergegenständlichen, dass Szenen, die ihm Eindruck machen, vor seinem Blick von selbst zum abgehobenen, umrissenen Bild werden, dem er mit so viel Spielraum und Distanz gegenübertritt, als zum Genuss gehört. Addison bedurfte dafür noch der Hilfe, die ihm die Ferne und das Panorama lieferten; der romantische oder moderne Reisende, der sich z. B. in den Alpen ohne Weiteres wohl fühlt, hat dagegen schon die Schule des rahmenden Sehens hinter sich, die u. a. den englischen Gartenstil begünstigte.

Nachdem das neue Sehenkönnen eingeübt und habituell geworden ist, fällt es den Menschen leicht, in geeigneter Umgebung ihre optische und sonstige (hörende, riechende) Wahrnehmungsweise von der üblichen Dominanz der Einleibung auf einen Zuwachs an Ausleibung umzustellen und dadurch einen Gewinn an leiblich spürbarer Weitung zu erfahren, die nicht mehr als Schwellung an die Auseinandersetzung mit Engung gebunden, sondern von dieser entlastet ist. Das ist der Kern des Geschehens, den man als Erholung bezeichnet, hier speziell als Erholung durch Landschaft, d. h. das Vermögen, etwas als Landschaft zu nehmen, das sich so nehmen lässt. Landschaft ist dann bestimmt als das Medium einer (mäßigen, nicht im Extrem der Selbstvergessenheit wie bei Hegel[121] entgleitenden) Ausleibung. Der Mensch, der dieses Instrument bedient, fühlt sich befreit, gelockert, beschwingt, des Drucks beengender Schwere ledig und in diesem Sinne wohl. Das charakteristische Verhalten im Zeichen solcher privativ weitenden Entlastung ist das muntere, beschwingte Gehen, das Wandern, eventuell vom Singen eines

[133] Ludwig Friedländer, Über die Entwicklung des Gefühls für das Romantische in der Literatur, Leipzig 1873, S. 12.

Wanderliedes unterstützt oder gar zum Übermut des Steigens und Kletterns im Gebirge gesteigert. Dabei gibt der sich erholende Mensch sich nicht aus der Hand; er kann jederzeit aus der Erholung in den Normalzustand zurückkehren.

Intensiver ist die Ausleibung in eine Landschaft als Verschmelzung, als Versunkenheit bei der Vertiefung in die bestimmenden Züge ihrer Gestalt wie bei Nietzsche, wenn er in Sils Maria »ganz See, ganz Mittag« wird, oder bei Novalis, der rhetorisch fragt: »Und was bin ich anders als der Strom, wenn ich wehmütig in seine Wellen hinabschaue, und die Gedanken in seinem Gleiten verliere?«[134] Eine solche *unio mystica* ist populär geworden als die von Heine ironisierte Magie des Sonnenuntergangs am Meer. Dilthey schreibt in einer Nachlassnotiz:

»Ich blicke in eine Landschaft und fasse sie auf. Hier muß zunächst die Annahme ausgeschaltet werden, daß dies nicht ein Lebensbezug, sondern ein Bezug bloßen Auffassens sei. Daher darf man das Erleben des Momentes in Bezug auf die Landschaft nicht Bild nennen. Ich wähle den Ausdruck ›Impression‹. Im Grunde sind mir nur solche Impressionen gegeben. Kein von ihnen getrenntes Selbst und nicht etwas, von dem es Impression wäre. Das Letztere konstruiere ich nur hinzu.«[135]

Nicht zufällig gelangt Dilthey zur Aufhebung des Subjekt-Objekt-Gegensatzes bei der Reflexion auf den Anblick einer Landschaft. Am gedeckten Kaffeetisch oder angesichts einer Pferdekutsche (des Automobils seiner Zeit) hätte ihm die Einschmelzung in eine Impression nicht so unmittelbar eingeleuchtet. Die Landschaft lädt dazu ein.

Um das Geschehen solcher Versunkenheit in eine Landschaft verständlich zu machen, ist ein Ausflug in die Ontologie erforderlich. Ich unterscheide zwischen Verhältnissen und Beziehun-

---

134 Novalis, Schriften, Band I: Das dichterische Werk, hg. v. Paul Kluckhohn und Richard Samuel, Stuttgart 1960/1977, S. 100 Z. 34–36 (Die Lehrlinge von Sais).

135 Wilhelm Dilthey, Gesammelte Schriften, Band VII, Stuttgart 1958, S. 229f.

gen. Verhältnisse sind ungerichtet, Beziehungen gerichtet, nämlich von etwas, das sich bezieht, auf das, worauf es sich bezieht, eventuell (bei mehr als zweistelligen Beziehungen) durch Zwischenglieder. Der Stammbaum einer Familie ist ein Verhältnis, das in viele Verwandtschaftsbeziehungen aufgespalten werden kann. Im einfachsten Fall kommen nur zwei Beziehungen heraus, durch Aufspaltung des quadratischen Potenzverhältnisses z. B. die Beziehung der Wurzel zum Quadrat und die des Quadrats zur Wurzel. Alle Beziehungen gehen aus der Spaltung von Verhältnissen hervor. Das zeigt sich daran, dass ihre Richtung nach Belieben umgekehrt werden kann, weil sie auf dem frei wählbaren Zugang zu einem an sich ungerichteten Verhältnis beruht; dadurch unterscheiden sich Beziehungen von Abläufen, deren Richtung durch den Fluss der Zeit, dass die Masse des Vergangenen wächst, die Masse des Zukünftigen schrumpft und die Masse des Gegenwärtigen wechselt, erzwungen wird. Keineswegs sind aber alle Verhältnisse in Beziehungen spaltbar. Es gibt auch unspaltbare Verhältnisse.[136] Ein ganz prosaisches Beispiel ist das gemeinsame Sägen mit der zweigriffigen Baumsäge, wobei die Sägenden in subtiler Abstimmung auf einander am Werk sind, aber so, dass keiner seinen Anteil daran während der Aktion von dem des anderen unterscheiden kann.[137] Das Verhältnis ist in diesem Fall nur relativ unspaltbar, indem zwar keiner aus dem gemeinsamen Sägen sein Sägen zu dem des anderen in Beziehung setzen kann, jeder aber außerhalb dieses Verhältnisses beliebiger Beziehungen fähig ist, indem er sich z. B. beim Sägen Gedanken darüber macht, was er nachher tun wird. Es gibt aber auch absolut unspaltbare Verhältnisse, in denen entweder alle Teilnehmer oder wenigstens einige während des Bestehens des Verhältnisses nicht in der Lage sind, sich durch Beziehungen

---

[136] Hermann Schmitz, Bewusstsein, Freiburg i. Br. / München 2010, S. 54–69: Unspaltbare Verhältnisse.

[137] Ebenda S. 59 nach: Paul Christian, Renate Haas: Wesen und Formen der Bipersonalität, Stuttgart 1949.

nach außen teilweise davon zu lösen. In dieser Lage ist Nietzsche im Verhältnis mit dem Silser See am Mittag, Novalis im Verhältnis mit dem Strom, in den er wehmütig blickt, Hegel im Verhältnis mit dem Nachthimmel. Es handelt sich, gegen den Wortlaut der Bezeugungen, keineswegs um echte Identität, denn die müsste umkehrbar sein, als Identität von A mit B auch Identität von B mit A, aber zwar ist Nietzsche ganz See, ganz Mittag, durchaus nicht aber der See oder der Mittag ganz Nietzsche. So verhält es sich bei jeder *unio mystica* und bei jeder Aufhebung der Gegenüberstellung von Subjekt und Objekt in einer Impression nach Dilthey: Keine Identität der Partner ist eingetreten, sondern der in das Verhältnis Eingefangene befindet sich in einem absolut unspaltbaren Verhältnis, das er weder durch eine Beziehung zum Partner spalten noch durch eine Beziehung nach außen überholen kann. Es kommt auch vor, dass alle Beteiligten in einem dann total absolut unspaltbaren Verhältnis verbunden sind, so dass sie nur noch als Paar oder größere Gruppe zu etwas in Beziehung treten können.

Von dieser Art ist die versunkene Ausleibung, z. B. in eine Landschaft, solange sie noch die Vertiefung in einen Gegenstand zulässt und nicht wie die gefährliche Autobahntrance ins Formlose zerläuft. Es ist merkwürdig, dass eine Ekstase gleicher Art auch beim entgegengesetzten Typ leiblicher Kommunikation vorkommt, in gespanntester Aktivität antagonistischer Einleibung. Als Beispiel wähle ich das leidenschaftliche Fahren auf dem Motorrad, dessen Psychologie kürzlich ebenso kennerisch wie fachmännisch analysiert worden ist.[138] »Idealerweise verschwindet das Motorrad aus dem Bewusstsein, es wird Teil des eigenen Ichs und damit der Persönlichkeit des Fahrers.«[139] »Das Motorrad wird durch den Gebrauch zum erweiterten Selbst, es fängt buchstäblich an zu leben, weil wir durch das Motorrad

---

138 Hansjörg Znoj, Die Psychologie des Motorrads, Bern 2011.

139 S. 27.

hindurch die Straße, die Umgebung wahrnehmen.«[140] Zur Ekstase wird dieses beiderseits unspaltbare Verhältnis in einem »flow« genannten Ausnahmezustand, wobei »die Selbstbewusstheit (…) in der Handlung völlig aufgeht, sich buchstäblich darin auflöst und ein ›Glücksmoment‹ entsteht, das so stark ist, dass es immer wieder nach Wiederholung schreit.«[141] Der Autor beschreibt, wie er selbst einen solchen Zustand bei einem improvisierten Wettrennen, eine Beifahrerin hinter sich, mit französischen Motorradfahrern in den Pyrenäen durchmachte.

> »Ich war plötzlich ein Teil der Verbindung zwischen Reifen und Straße geworden, wobei ich deutlich das Gefühl der Klebrigkeit der Reifen wahrnahm, als ob ich selbst das Gummi wäre. Alles andere war wie weggeblasen, die Franzosen, meine Sozia, die prachtvolle Landschaft. Die Umgebung bestand nur noch aus Straßenoberfläche, Krümmung, Neigung und Körnung.«[142]

Dazu gibt er folgendes Urteil ab:

> »In der oben geschilderten Form ist dieser Zustand unerwünscht für die aktive Teilnahme am Straßenverkehr und kann sehr gefährlich werden. In abgemilderter Form sollte diese Verbindung aber unbedingt stattfinden, denn sonst agiert der Motorradfahrer weitgehend ›abgehoben‹ und hat kein ›Feed-back‹ von der Maschine und deren Tätigkeit.«[143]

Mit den eingeführten Begriffen kann ich präzisieren, was hier »abgemildert« genannt wird: Unerwünscht ist der Motorradflow als absolut unspaltbares Verhältnis, unentbehrlich für den guten Motorradfahrer aber als relativ unspaltbares Verhältnis, das ihm

[140] S. 37.
[141] S. 70 und 69.
[142] S. 71.
[143] S. 78.

während seiner Versunkenheit in das Fahrzeug die Aufnahme von Beziehungen nach außen erlaubt.

Als »ein Trancezustand, der durch höchste Konzentration auf den Gegenstand erreicht wird«[144], gleicht der Flow auf dem Motorrad trotz aller Unterschiede dem Starren in Glanz als Ausleibung; in beiden Fällen liegt ein absolut unspaltbares Verhältnis versunkener Vertiefung in etwas vor, eine *unio mystica*, die den Fahrlehrer Küre Werren nicht zu hoch greifen lässt, wenn er im Gespräch mit dem Autor sagt: »Der Flow-Zustand, wenn er sich einstellt, ist ähnlich einer Erleuchtung in der Meditation, Aufheben von Subjekt und Objekt, Einswerden in der Tätigkeit!«[145] Auf dem Motorrad erfährt der ekstatische Fahrer intensiv, was Dilthey als Impression beim Blick in eine Landschaft wenigstens ahnte. Die Realisierung dieser Ahnung an einer Landschaft in einer Ausleibung, die der antagonistischen Einleibung beim flow als Ekstase gleicht, kann man der ersten Strophe des Gedichts *Im Grase* (1844) von Annette v. Droste-Hülshoff entnehmen:

Süße Ruh', süßer Taumel im Gras,
Von des Krautes Arom umhaucht,
Tiefe Flut, tief, tief trunkne Flut,
Wenn die Wolk' am Azure verraucht,
Wenn aufs müde schwimmende Haupt
Süßes Lachen gaukelt herab,
Liebe Stimme säuselt und träuft
Wie die Lindenblüth' auf ein Grab.

Die Dichterin erlebt ihre Ausleibung in die Landschaft nicht sitzend, wie Nietzsche am See, sondern im Grase liegend mit zum Himmel gerichtetem Blick, aber nicht nur optisch, sondern auch als Duft in der entspannten sinnlichen Ichhaltung nach Conrad-Martius, wenn nur noch gespürt wird, wie der Wind, die Wär-

---

144 S. 75.
145 S. 124.

me, der Duft in mich eingeht. Alles fließt als trunkene Flut, Lachen und Stimme als Blütenregen, in dem das müde Haupt schwer schwimmt, die Wolke als im Himmel vergehender Rauch; die Entdifferenzierung des Gegenständlichen ist für Ausleibung charakteristisch, ebenso aber das Hervortreten absoluter Eindrücke, die nicht mehr als Gegenstände in Situationen bestimmt, sondern zu reinen Qualitäten geworden sind: das Aroma des Krautes, süßes Lachen, eine Stimme, die säuselt wie der Wind und träuft wie Blütenregen, aber nicht mehr spricht. Und das alles ist süße Ruhe, ein Glückszustand unspaltbaren Verhältnisses wie der *flow* auf dem Motorrad, aber nicht in konzentrierter Aktivität, sondern in intensiver Empfänglichkeit.

Diese Entlastung durch Ausleibung ist tiefer als die des Städters, der sich in der Sommerfrische, auf dem Land oder im Gebirge, an der Landschaft erholt, aber sie erfüllt, was in dieser flüchtigen und partiellen Ausleibung, wie in einem Anflug, nur angedeutet ist. So kann Landschaft in der Ausleibung die Empfänglichkeit vertiefen, das Motorrad in antagonistischer Einleibung die Konkurrenz von Engung und Weitung bis zum Extrem verdichten, und beide treffen sich in der *unio mystica* des absolut unspaltbaren Verhältnisses.

Freude

Freude erhebt, macht das Leben leicht, lässt schweben (»in Seligkeit«), springen (Freudensprung), hüpfen, ist der Erleichterung von einer schweren Sorge so verbunden, dass Spinoza die Freude *(gaudium)* als die Lust definierte, die entsteht, wenn etwas wider Erwarten ausgegangen ist. Das Leichte wird dem Schweren entgegengesetzt. Schwere wird am eigenen Leib auf zwei Weisen erfahren, als reißende Schwere im Sturz und als drückende Schwere, sei es eines Gewichts (z.B. der eigenen Glieder) oder der schwermütigen Stimmung drückenden Wetters. Als Gegenteil der erleichternden Freude kommt nur die drückende Schwere in Betracht, deren Drücken zwei Komponenten hat: Es zieht nieder und es beengt; der Bedrückte fühlt sich eingeschnürt, festgehalten, zusammengezogen. Entsprechend hat die Erleichterung als Wesenszug der Freude die entgegengesetzten Merkmale. Freude hebt und weitet, indem sie den Menschen aus der Enge löst. Das ist kein physisches Geschehen; der Menschenkörper bleibt unverändert schwer. Es geschieht etwas mit dem spürbaren Leib, den ich vom sichtbaren und tastbaren Körper der räumlichen Ausdehnung und der Dynamik nach systematisch unterschieden habe. Gleichsam die Achse der Dynamik des spürbaren Leibes ist der vitale Antrieb, in dem Engung (als Spannung) und Weitung (als Schwellung) gegenläufig verschränkt sind; wenn die Engung aushakt, wie im heftigen Schreck, ist der Antrieb erstarrt oder gelähmt, und wenn die Weitung ausläuft, wie beim Dösen, beim Einschlafen und nach der Ejakulation, ist er erschlafft. Aus dem Verband können Anteile der Engung oder Weitung abgespalten werden; ich spreche dann von privativer Engung bzw. Weitung. Was privative Engung ist, bemerkt man am Vergleich von Schreck mit Angst und Schmerz, bei denen überwiegende Engung von einem expansiven Impuls »Weg!« nicht loskommt; was privative Weitung ist, zeigt der Vergleich von Wollust und Zorn (überwiegende Schwellung in Konkurrenz mit Spannung) mit Erleichterung, die sich von der Enge löst. Von dieser Art ist die weitende Freude.

Die Ergriffenheit von Freude ist primär ein Spüren am eigenen Leib. Das zeigt sich an der überraschenden Gebärdensicherheit. Der Freudige gibt sich mit lachenden Augen, mit heller Stimme, weichem Lächeln, beschwingtem Gang, befreitem Atem; das ist ein kompliziertes Ausdrucksverhalten, das nur ein geübter Schauspieler einigermaßen echt nachstellen könnte. Dem Frohen, und sei er noch so ungeschickt, gelingt das ganz von selbst; die ergreifende Freude gibt seinem spürbaren Leib die zugehörigen Bewegungssuggestionen unmittelbar ein. In dieses leibliche Ergriffensein greift die Person mit Hingabe oder Widerstand ein, und durch das Zusammenwirken ihrer Stellungnahme mit dem leiblich-affektiven Betroffensein entwickelt sich ein persönlicher Stil des Fühlens, auch der Freude.

James und Lange, die von der Unterscheidung zwischen Körper und Leib nichts ahnten, identifizierten die Gefühle mit körperlichen Empfindungen und Ausdrucksweisen, sogar physiologischen Vorgängen (Lange). Freude ist aber nicht nur kein Körperzustand, sondern auch keine leibliche Regung, sondern eine Atmosphäre, in die der Freudige beim Sichfreuen, einer primär leiblichen Ergriffenheit, hineingerät. Die Schwere, die als körperliche unverändert bleibt, imponiert nicht mehr, weil sie als leiblich gespürte von einer hebenden Erleichterung überdeckt ist. Das könnte an gesteigertem Kraftgefühl liegen, einem gesteigerten und zur Schwellung hin betonten vitalen Antrieb, und oft ist es so. Es gibt aber auch eine Freude, in die man sich schlaff und passiv fallen lässt, etwa bei der Erleichterung von einer schweren Sorge, und die hebt nicht weniger. Das kann keine eigene Leistung der leiblichen Dynamik sein, sondern hier ist es die Atmosphäre, die den Frohen aufnimmt und ohne den Schwung eigener Aktivität in Leichtigkeit schweben lässt.

Freude braucht kein Thema zu haben. Es gibt Hypomaniker, die unversehens von einer bloßen, auf nichts abzielenden Freude überfallen werden. Ein solcher war Mörike nach Ausweis seines Gedichtes *Verborgenheit*, in dem es heißt: »Oft bin ich mir kaum bewußt, / Und die helle Freude zücket / Durch die Schwere, so mich drücket / Wonniglich in meiner Brust.« Meist ist aber die Freude in einem Thema zentriert. Dieses kann doppelt sein, gespalten in Verdichtungsbereich und Verankerungspunkt. Verdichtungsbereich ist das Thema, an dem die Freude sich festhält, Verankerungspunkt das Thema, woher sie sich aufbaut und motiviert ist. Die deutsche Sprache drückt den Unterschied mit den Präpositionen »an« und »über« aus. Die Freude an einer schönen Landschaft ist Freude an etwas (Verdichtungsbereich) ohne Freude über etwas (Verankerungspunkt). Die Freude des erfolgreichen Kandidaten über sein Bestehen eines übrigens unerfreulichen Examens ist Freude über etwas (Verankerungspunkt) ohne Freude an etwas (Verdichtungsbereich). Viele Freuden sind Freuden an und über etwas, z. B. die Freude der Eltern an ihren erfolgreichen Kindern über deren Erfolge.

Die philosophische Tradition behandelt die Freude als einen der Affekte der Seele (*passiones animae*, so Thomas von Aquino im Anschluss an Aristoteles) und legt sie bei der Lust ab, die Kant von der Empfindung durch ihre Gegenstandslosigkeit unterschied; seit Brentano und Husserl haben Philosophen der phänomenologischen Schule der Freude wenigstens einen Gegenstand und eine Beziehung auf diesen gegönnt, aber es blieb bei der Einordnung in die private, nun »Bewusstsein« (statt »Seele«) genannte, Innenwelt. Diese Philosophen haben zu wenig bedacht, dass sich keine Seele freut, sondern der Erlebende. Über diesen haben sie den Menschen verschiedene Angebote gemacht, als was sie sich verstehen sollen, ohne zu bedenken, dass der erlebende Mensch sich schon kennen muss, um sich als irgend etwas zu verstehen. Etwas, einen Fall verschiedener Gattungen, für sich selbst zu halten, ist Selbstzuschreibung. Wenn man sich nicht schon kennt, kommt es gar nicht zur Selbstzuschreibung, sondern zu endlosem Identifizieren eines Falles einer Gattung mit einem Fall einer anderen Gattung usw. Das liegt daran, dass in keinem Merkmal, das ich mir zuschreiben kann, ein Grund für die Annahme enthalten ist, dass gerade ich der Besitzer dieses Merkmals bin; es könnte auch ein Anderer sein. Ich muss die Kenntnis des erlebenden Bewussthabers, der ich bin, zur Selbtzuschreibung schon mitbringen, damit ich irgend etwas gerade mir zuschreiben kann. Der identifizierenden Kenntnis durch Selbstzuschreibung muss eine nicht identifizierende Kenntnis meiner selbst zu Grunde liegen. Ihr hätten die Philosophen nachgehen sollen. Dann wären sie auf das affektive Betroffensein gestoßen, z.B. von Freude. Um mich zu freuen und in der Freude zu spüren, dass ich selbst betroffen bin, muss ich nicht erst einen Freudigen finden und den mit mir identifizieren. Diese besondere Fähigkeit des affektiven Betroffenseins, mich ohne Identifizierung mit mir selbst bekannt zu machen, beruht darauf, dass die Tatsachen des affektiven Betroffenseins keine objektiven Tatsachen sind, die jeder aussagen kann, sofern er genug weiß und gut genug sprechen kann, sondern subjektive Tatsachen, die höchstens der Betroffene von sich selbst aussagen kann. Wenn ich sagen darf: »Ich freue mich von ganzem Herzen«, ist das eine Tatsache, die ein Mitmensch nicht aussagen kann, denn er ist nicht ich. Wohl kann er sagen, dass Hermann Schmitz sich von ganzem Herzen freut, aber das ist, wenn nicht mitgesagt wird, dass ich dieser Hermann Schmitz bin, nur ein blasser, neutralisierter Rest meines vollen affektiven Betroffenseins von Freude, das ich aussagen kann. Dabei ist der Inhalt beider Tatsachen derselbe: die Freude des Menschen, der ich bin, eben des Hermann Schmitz. Der Unterschied besteht nicht im Inhalt, sondern in der Tatsächlichkeit. Diese ist bei den subjektiven Tatsachen voller; sie sind gleichsam an mich adressiert, wie ich mich vor jeder Identifizierung kenne. Wenn man dieser Kenntnis nachgeht, kommt man auf den Leib und seine Dynamik; ich kann das hier nicht mehr ausführen. Auf dieser Grundlage lässt sich dann ein Verständnis dessen, was

Menschen merklich widerfährt wie die Freude, ohne die Fiktion einer abgeschlossenen privaten Innenwelt jedes Bewussthabers aufbauen.

Personenregister

Sachregister